新・東京の
喫茶店

琥珀色の日々、それから

川口葉子

はじめに

二〇一一年三月に上梓した『東京の喫茶店 琥珀色のしずく77滴』はおかげさまで多くのかたにお読みいただき、何度も増刷して版を重ねてまいりました。

それから十三年。

大変残念ながら、掲載店のなかには店主が亡くなられて閉店となったお店や、建物の老朽化、店主の高齢化、新型コロナの影響など、さまざまな事情で歴史に幕を下ろした素晴らしい喫茶店が何軒もあります。

本書『新・東京の喫茶店 琥珀色の日々、それから』では、それらのお店に替えて前回、限られたページ数のなかではご紹介できなかった喫茶店を新たに多数加えました。そのために今回は涙をのんで割愛させていただいたお店もありますが、それらが現在も素敵なお店であることに変わりはありません。

二〇一一年版でご紹介したお店を再掲するにあたっては、すべて新たに取材をおこない、最新の姿をお伝えしています。もし本を両方ともお持ちの読者がいらっしゃるならば、お店の十三年前の姿と現在の姿をくらべて差異と共通点を楽しんでいただけるのではないかと思います。

本書の帯に並ぶ四つの言葉は、二〇一一年版で「良い喫茶店に必要なもの」として挙げた言葉遊びです。

心やすまる空間
おいしいコーヒー

控えめな店主
粋なお客さま

四行の最初の文字だけ読むと「こおひい」になるというアクロスティックでした。

現在もっとも重要性が増しているのは、最後の〝お客さま力〟かもしれません。

たとえば、お店が喫煙可能から禁煙に変わったことが意に沿わず、ネット上でお店の評価欄に最低点をつけてしまう。それは粋なお客さまといえるでしょうか?

あるいは、細心の注意を払ってコーヒー粉の上にお湯を一滴ずつ垂らすようにネルドリップするお店で、コーヒーが出てくるのが遅いといってイライラするとか。その人はお店選びを間違えてしまったのですね。

粋な〝喫茶心〟、つまり少し視点を変えてものごとをおもしろがる心のゆとりを持てば、喫茶店での時間は何倍も楽しくなります。

私たちがいつも喫茶心を忘れない、粋なお客さまでいられますように。

そして、喫茶店が長く営業をつづけられる、おだやかで平和な日々でありますように。

最後に、亡き店主の方々のご冥福を心よりお祈り申し上げます。真摯で優しい言葉、機知に富んだ金言とつまらない駄洒落、そして、感激で背筋が震えるような珈琲を本当にありがとうございました。

二〇二四年六月　川口葉子

目次

第3章 読書と憩いの空間 part2

第4章 中央線・郊外の喫茶店

第5章 一杯の珈琲から

第6章 魅惑の一皿

※本書で紹介している情報は二〇二四年五月現在のものです。最新の情報はお店にお問い合わせください。

第1章

読書と憩いの空間 part 1

01 トリコロール 本店

銀座

都市には雨が似合うもの。雨降りの東京には今でも風情がある——。

吉田健一が戦前の東京を回想した小説『東京の昔』にはそんなくだりがあり、彼が銀座の紀伊国屋書店と喫茶店に通ったことが綴られています。

それから半世紀の時を隔てた現在も、東京はやはり雨が似合う都市。とりわけ銀座には春雨の風情が似合います。大通りも裏路地も、百年続く老舗もグランメゾンも、華やかさもうら悲しさも等しく雨に濡れている。交差点を行きかう傘の群れ。街路樹の枝から滴る銀色のしずく。舗道に張りついた桜の花びら。

「トリコロール本店」の回転扉をくぐって初めて店内に入ったのも三十年ばかり前の大雨の日で、傘をたたみ、店内に満ちている「喫茶香《きっさこう》」を吸い込んだら心底ほっとした気持ちになりました。

喫茶香、それは私が勝手に用いている言葉です。微かなコーヒーの匂いと料理やスイーツの匂い、くつろいだ人々の気配や静かな話し声、食器の触れあう音、音楽、暖気またはエアコンの涼風……匂いも音も温度も渾然一体となったその快い空気を、いつからか喫茶香と呼ぶようになっていました。

雨の日の喫茶香をまとったトリコロールは端正で優しく、雨からも人生の雑事からも守られている心地になったのです。

三十年を経た現在も、その姿は銀座の歴史的な喫茶店の理想を具現化したような佇まいです。煉瓦《れんが》の壁の前に立つイギリス製のガス灯、赤い日除けの回転扉。二階の窓から蔦《つた》の緑がこぼれています。店内もたいそう美しく、暖炉のある二階には天窓を設けており、高い天井から乳白色の光が射しこんでいます。

創業は一九三六年。キーコーヒーの前身である「木村コーヒー店」の創業者が、コーヒーの普及を目的として、銀座にあった喫茶店をそのまま譲り受けたのが始まりです。

昭和初期の銀座は、モボ・モガことモダンボーイとモダンガールが闊歩するハイカラな街。フランス風の喫茶店トリコロールは、パリ帰りの画家や文士たち、慶應義塾大学の学生たちに人気だったそうです。

最初の店舗は東京大空襲で消失し、一九四七年、終戦間もない街に二代目の店舗が再建されました。写真に残された姿は現在とは大きく異なり、明るい白壁に大きなアーチ形の窓が二つ並んだ、近代的な外観。焼け跡からの復興をめざす人々にとって、トリコロールで過ごす時間は恵みの雨のように心を潤すものだったのでしょう。そして一九八二年、二代目の店舗が老朽化を理由に建て直され、現在の姿が完成したのです。

社内で伝えられる心がけには「商売とは、満足を買っていただくことである」という一文があるそうですが、優雅な空間と並んで、折り目正しい接客も満足感を与えてくれる大切な要素のひとつです。近年は落ちついた年代の常連客に加えて若いお客さまも増えていますが、白いブラウスに黒いベストを着用したスタッフが分け隔てのない笑顔で迎えています。

人気の名物メニューといえば、華麗なパフォーマンスが見られるカフェ・オ・レ。両手それぞれに銀色のポットを掲げたスタッフが、カップの両側からコーヒーとミルクを注いでいきます。褐色の液体と白い液体が混じりあうさまは、昭和と令和の時代が溶けあうようにも見えます。

「一階のカウンター席にお座りいただけば、コーヒーをネルドリップで一杯ずつ淹れる姿を目の前でご覧になれます。カウンターならではの香りや音色、臨場感を五感で楽しめますよ」

キーコーヒーに特注する「アンティークブレンド」は、日本に良質のコーヒー豆が入った昭和三十年代のまろやかな味を再現しています。コーヒーの風味によく合うエクレアは、シュー生地のサクッとした口当たりを大切にして、注文を受けてからカスタードクリームを入れるのがこだわり。地下一階にある厨房で、リンゴの皮むきから始めるアップルパイも人気の一皿です。

銀座で雨に降られたら金色のバーを押して回転扉をくぐり、喫茶香を胸いっぱいに吸いこみたいのです。

menu

アンティークブレンドコーヒー 1070円
アイスカフェ・オ・レ 1250円
サンドウィッチ各種 1420円～
エクレア 650円（コーヒーセット 1570円）
アップルパイ 710円

トリコロール ほんてん
中央区銀座 5-9-17
Tel 03-3571-1811
8:00 ～ 19:00（L.O. 18:30）
火休（詳細はインスタグラムで）
Instagram：@tricolore_honten

02

銀座ウエスト 本店

銀座

二〇二〇年四月のある日、ロックダウンされた東京で自分のためにささやかな誕生日のケーキを買おうとした私は、デパートもパティスリーもみな休業という事態に途方に暮れていました。人影が消えた白日夢のような銀座でみつけたのが「銀座ウエスト」の売店前の長い行列。世の中が不安で張りつめているからこそ、なじみのあるおいしいお菓子で安心したいと思う人が多かったのでしょう。その夜、部屋でひっそりと食べたウエストのケーキは心に小さな蝋燭《ろうそく》をともしてくれました。そしてふと、大きな自然災害が起きるたびにウエストがシュークリームの売上の一部を義援金として寄付しているのを思いだし、心の痛みに寄りそうお菓子だと思ったりしたのです。

一九四七年に創業したウエスト。記憶のなかで本店の喫茶室の扉を開ける

menu

コーヒー 1100 円　ロイヤルミルクティー 1100 円
ケーキセット ドリンクの金額＋ 385 円
ストロベリーサンデー 1760 円
トーストハムサンド 2200 円

たびに白百合の香りがふうわりと寄せてくるような気がするのは、実際にいつも新鮮な花々がいけられているからでした。

糊《のり》のきいたクロス類。添加物をできる限り加えず、良質な素材を選んでまじめにつくるケーキ。コーヒーのおかわり。名曲喫茶だった時代を物語るレコードの音楽。そんなひとつひとつがどれほど贅沢なことか。ソファの背もたれの上部には清潔な白いカバーが掛かっていますが、昭和の男性たちが頭髪にポマードをつけていたために必要だったのだそう。

ちょっとおなかが空いたときのお気に入りであるトーストハムサンドは、分厚いハムの旨みとふっくらキツネ色にトーストしたパン、マヨネーズと添えられたレモンのすべてが上質さを物語る名品です。

ぎんざウエスト ほんてん
中央区銀座 7-3-6　Tel 03-3571-2989
9:00 ～ 22:00（L.O.21:30）、土・日・祝 11:00 ～ 20:00（L.O. 19:30）
無休
HP：ginza-west.com

03

銀座 和蘭豆

銀座

menu

和蘭豆ブレンド 800 円　和蘭豆アイスコーヒー 860 円
完熟トマトジュース 900 円　厚切りトースト 550 円
和蘭豆モカ・ゼリー 820 円　フィナンシェ 300 円
大人のコーヒーパフェ 単品 950 円 セット 1450 円

銀座七丁目は、大型ファッションビルが華やかさを競い合う四丁目界隈とは匂いが異なるエリア。裏路地にバーやクラブが軒を連ね、日が暮れる頃に紫色や濡羽《ぬれば》色の看板に灯がともりはじめます。

そんな七丁目で半世紀にわたって親しまれてきたのが、珈琲の古い異名・熟字一覧から店名をとった「和蘭豆」です。

店舗は銀座最古と言われるビルの一階にあり、昼と夜ではがらりと雰囲気が変わります。時間帯によってはこの場所ならではの少し特別な光景に遭遇することでしょう。

お昼休みなら、食後の一服にやってくる背広姿の勤め人たち、黄昏どきならクラブの黒服の人々や、同伴出勤の待ち合わせをするホステスさんたち。時代とともに日本人の生活習慣が変わ

ぎんざ らんず
中央区銀座 7-3-13　ニューギンザビル 1F　Tel 03-3571-8266
10:00 ～ 22:00（L.O.21:30）、土・日・祝 11:00 ～ 20:00（L.O. 19:30）
無休
HP：ginza-ranzu.com　Instagram：@ginza_ranzu

り、それに伴って喫茶店の利用のしかたが変化していても、和蘭豆には街の個性と密接に結びついた、昔ながらの喫茶店の憩いが根づいているのです。

　長年にわたりお客さまを迎えてきたスタッフは「クラブに出入りする方々はお持ちのスマホもつねに最新。携帯電話が発売された当時からの進化の歴史を見てきました」と笑います。バブル期には高価な毛皮をまとった女性でいっぱいで、うっかりその上に水などこぼさないよう苦心したとか。

　常連客が「和蘭豆ならではのおいしさ」と口を揃えるのが、乳脂肪分の高い濃厚な生クリームを浮かべたアイスコーヒー。創業の一九六九年以来変わらないレシピによって、自家焙煎のモカをネルドリップしながら急冷し、ほどよい苦みとコクを引きだしています。夏でも冬でも愛される一杯。

04 アロマ珈琲 八重洲店 東京駅

再開発が進む地上の風景は、空をめざす令和の現在進行形。されど地下にはまだ蟻の巣のように昭和が張りめぐらされている——東京駅界隈を歩くたびにそんなことを思います。

八重洲地下街でもっとも古い「アロマ珈琲」がオープンしたのは一九六九年のことでした。自家焙煎のコーヒーをサイフォンで点てる流儀も、二頭の金色のライオンに見守られた空間も変わることなく人々を迎えています。

京都へと向かう朝、機転の利くスタッフに助けられたことがありました。注文した後で、思ったより新幹線の時間が迫っていることに気づいたのです。慌てて申告すると、食後にレジまで行かなくてすむようにその場でさっと会計してくれました。場所柄、あせる旅行者には慣れっこだったのかもしれませんね。

常連客に愛されつづけるメニューは、厚さ四センチものトーストにバターとジャム、あんこ、ゆで卵がついたモーニングセット。ボリュームたっぷりのピザトーストも人気です。

ある社長さんはアロマ珈琲での休憩時間を愛し、足元がおぼつかなくなっても部下に両脇を支えられ、毎日通ってきたそう。「最初のうちはコーヒーを召し上がっていましたが、健康を考えて特別に無塩トマトジュースをご用意するようにしました」とお店のかた。最後の頃は言葉もままなりませんでしたが、アロマ珈琲のソファに座り、何をするのでもなく部下とお店のかたの献身に支えられて安寧のひとときを過ごすのが日課だったといいます。

東京の玄関口の地下、亡き人々のささやかな記憶と今日を生きる人々の活気が喫茶店で交差しています。

menu

モーニングセット 600 円（開店～ 12:00）
アロマブレンド 500 円
ストレートコーヒー各種 550 円～
ロイヤルミルクティー 600 円
シナモントースト 650 円
ピザトースト 750 円　ケーキセット 850 円

アロマコーヒー やえすてん
中央区八重洲 2-1 八重洲地下街中 4 号
Tel 03-3275-3531
7:00 ～ 21:30、土 7:00 ～ 21:00、日・祝 7:30 ～ 21:00
※ L.O. は閉店 15 分前　無休
HP：aromacoffee.co.jp
Instagram：@aromacoffee_yaesuten

05

ぺしゃわーる

日本橋

シルクロードの重要な交易都市のひとつだった都、ペシャワール。壮大な歴史と文化に魅了されてシルクロードの旅を重ねた作家・井上靖は、隠れ家のようなこの喫茶店に、日本橋のオフィス街で働く人々のオアシスのような場所に、という願いを込めて、旅人の疲れを癒したオアシス都市の名前を贈りました。夕焼けに映える遺跡の色を思わせる壁には、井上靖の直筆原稿が飾られています。

初代オーナーの本田千佐子さんが「ぺしゃわーる」を開いたのは一九八九年のこと。本田さんが引退する際にぺしゃわーるを託されたのが、現オーナーの土屋陽一さんです。

「昔の銀座には作家や画家が集まる高級クラブがあり、本田さんは井上靖や画家の平山郁夫が常連だった文壇バーの人気ホステスだったんです」

開業当時のままにエミール・ガレの灯りがともり、アンティーク家具が並ぶ空間は、大人が落ちついて過ごすことのできる場所。出かけるあてのない旅の計画を立てたり、旅の青空の記憶を掘り起こしたりして過ごしたい。

深煎りコーヒーがお好きなら、小ぶりの美しい器で供されるデミタスコーヒーをどうぞ。国立市のロースター「カイルアコーヒー」の豆をネルドリップする、端正でコクの豊かな一杯は、栗菓子で知られる長野の有名店「小布施堂」のまろやかなモンブランとよく合います。

軽めのランチにぴったりなのが良質の素材を選んだマカロニグラタンセット。マネージャーのご家族が銀座で和食亭「おかやす」を営んでおり、その料理人が腕をふるっているのだそう。

十九時からはバーとしてお客さまを迎えています。

menu

デミタスコーヒー 820円
ブレンドコーヒー 720円
ダージリン 850円
小布施堂モンブラン 950円・セット 1550円
フレンチトースト 1080円・セット 1300円
マカロニグラタンセット 1350円

ぺしゃわーる
中央区日本橋 3-1-4 日本橋さくらビル B1F
Tel 03-3242-1212
11:00 ～ 23:30（L.O.23:00）、
バータイム 19:00 ～
日・祝休
HP：peshawar.jp

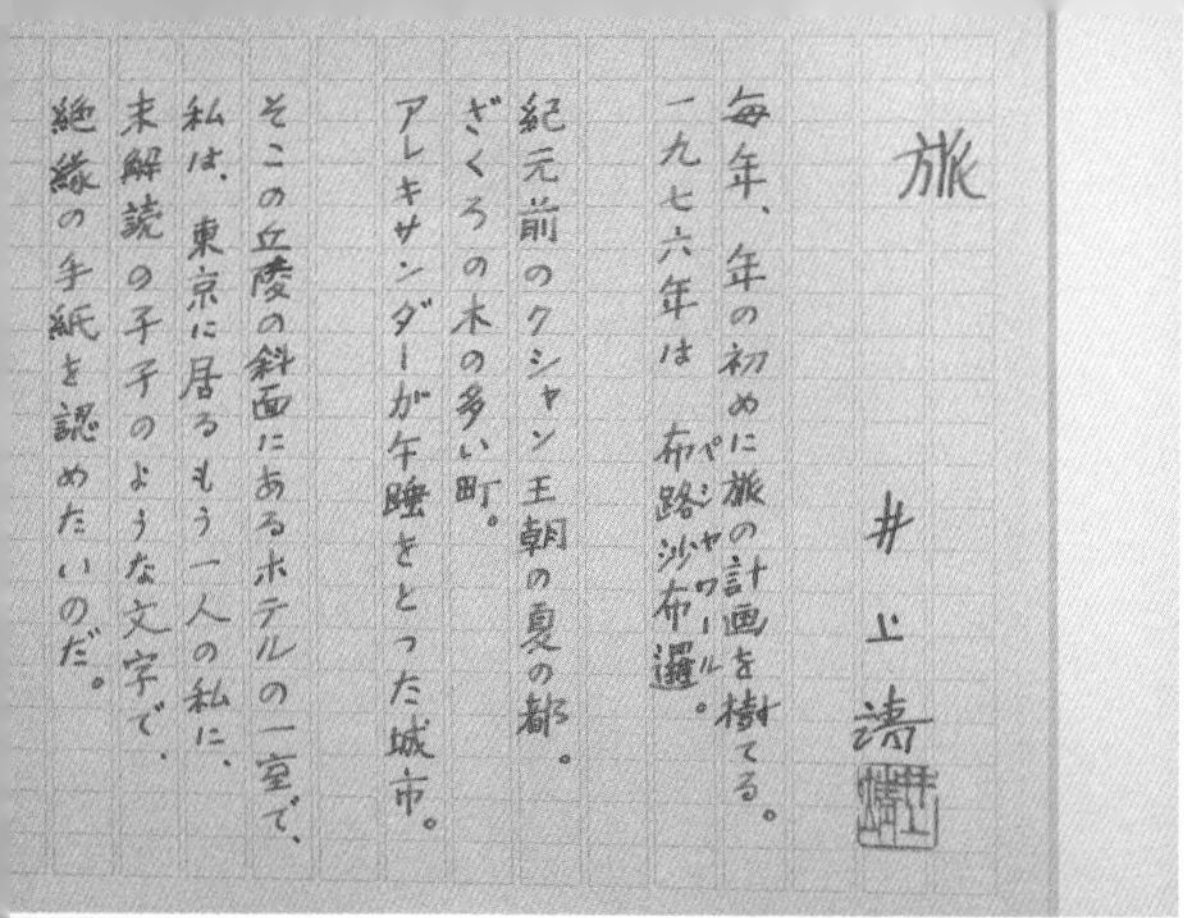

旅

井上靖

毎年、年の初めに旅の計画を樹てる。
一九七六年は　布路沙布邏《パシャワール》。
紀元前のクシャン王朝の夏の都。
ざくろの木の多い町。
アレキサンダーが午睡をとった城市。
そこの丘陵の斜面にあるホテルの一室で、
私は、東京に居るもう一人の私に、
未解読の手紙のような文字で、
絶縁の手紙を認めたいのだ。

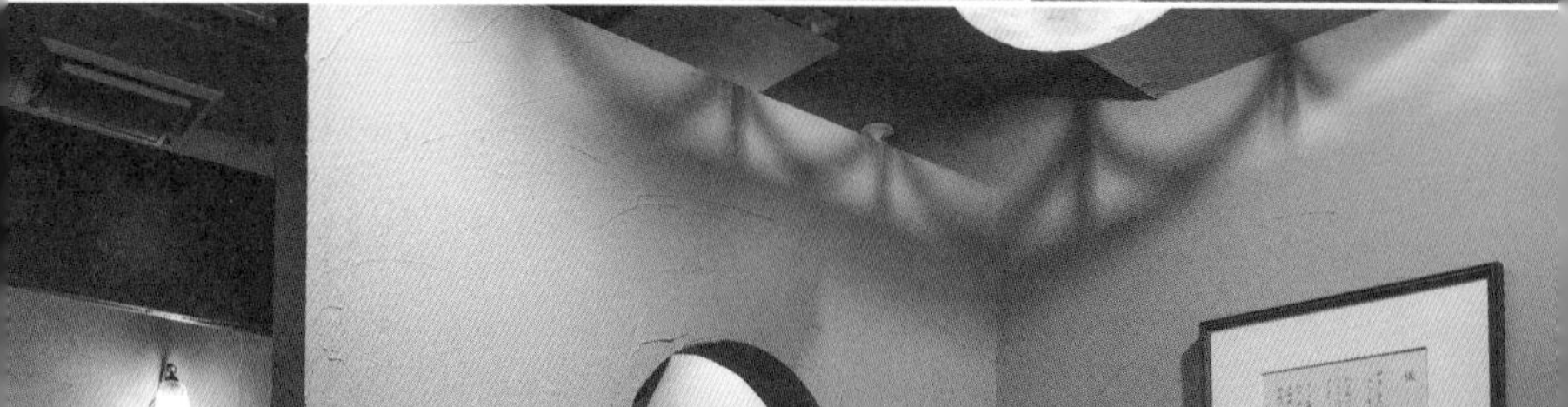

06

喫茶 穂高

御茶ノ水

menu

コーヒー 650 円（朝 10 時まで 600 円） 紅茶 650 円
ウインナコーヒー 800 円 バナナジュース 850 円
フロート各種 1100 円（ソーダ、オレンジ、アイスココアなど）
トースト 450 円

御茶ノ水駅のホームと行きかう電車を見おろすことができた「穂高」。近年は新しい駅舎がそびえて視界を遮《さえぎ》るようになり、作家・串田孫一が外壁に描いた絵も駅舎に隠れてしまいましたが、山小屋を彷彿させる空間の居心地の良さは変わりません。

ここでは、ネルドリップのコーヒーと厚切りのふっくらしたトーストという「これぞ喫茶店」のシンプルなメニューが好ましい。出版人らしき男性が書きものをしたり、端正な装いの白髪の女性が読書にふけったりと、お客さまとお店の呼吸がぴったり合っているようです。

八十代になった黒縁眼鏡の店主、栗《あわ》野《の》芳夫《よしお》さんは、一時期体調を崩していましたが、毎日ご家族とお店に出て、にこやかにお客さまを迎えています。

「お医者さんが健康のためには働いた

きっさ ほたか
千代田区神田駿河台 4-5-3
Tel 03-3292-9654
8:00 〜 19:00
日・祝休

ほうがいいよって。コーヒーも『飲んでも眠れるなら飲めばいいじゃないですか』と言ってくれる、いいお医者さんです（笑）」

穂高は一九五五年に粟野さんの母と兄が始めました。店名は北アルプスの連峰からいただき、本棚には山や自然にまつわる書物が並んでいます。

「当時は登山が流行した時代。母も山歩きが好きでした」

串田孫一や新田次郎など山と関わりの深い作家たちをはじめ、山岳部の学生や先生がたにも愛されて六十年あまり。建物は二〇〇五年に建て替えられていますが、常連客だった山好きの建築家・森史夫氏と職人たちの力で、歳月を経たもとの木材を活用し、往年の店内がみごとに復元されています。

地元の歴史に詳しい粟野さんから江戸のお話を聞くのも楽しいものです。

本郷通りの銀杏の緑が、東大正門の斜向かいに建つ「ルオー」の二階の木の床や、使いこまれたテーブルの天板に映って輝いているのはなんと心満たされる眺めでしょう。コーヒーカップ型に切り抜いた椅子の愛らしさにも目を奪われます。

ルオーの始まりは一九五二年、画家の森田賢氏が本郷三丁目の近くに開いた画廊喫茶でした。店名はフランスの画家、ジョルジュ・ルオーから。

「八〇年に森田さんが絵に専念するため辞めるという話になり、ずっとキッチンで働いていたうちの父が看板をいただいて現在の場所に移転しました。創業当時からの椅子やテーブルも全部持ってきたそうです」

そう説明してくれたのは、二〇一六年から父の淳一さんに代わって三代目マスターを務める山下栄介さん。若い

07

喫茶ルオー

東大前

頃からキッチンを手伝ってはいても、東大の教職員や学生に長年愛されつづけるセイロンカレーの味が変わらないよう調整するのは苦労したようです。

「当初は常連客に遠回しにご意見をいただくこともありましたが、ここ数年でやっと『お父さんの味になったね』というお言葉をいただけるようになりました」と、真摯な姿勢。鶏ガラでスープをつくり、大ぶりの豚肉を煮込むのに通算七、八時間。丹念な仕込みから生まれる伝統のカレーです。

「お店の根本的な部分は守りつつ、お客さまの利便性を考えて時代に対応したい」とWi-Fiを導入していますが、若い常連客のなかには「ここには本が似合う」と言って、もっぱら読書に没頭する素敵な人もいるそう。パソコン作業も書きものもはかどるゆったりした空気が、銀杏の色に染まっています。

menu

コーヒー430円　紅茶430円　フロート各種730円
モーニングセット（コーヒー・トースト・サラダ）700円（〜11:00）
セイロン風カレーライス（セミコーヒー付き）1000円
コーヒーゼリー550円　ケーキセット800円

きっさ ルオー
文京区本郷6-1-14
Tel 03-3811-1808
9:30 〜 20:00、土9:30 〜 17:00
日・祝休
Instagram：@kissa_rouault

08 皇琲亭 池袋

もうすぐ創業百年を迎えるコーヒー卸会社「山下コーヒー」の直営店として、一九八三年にオープンした「皇琲亭」。風格ある松本民芸の椅子に腰かけたら、ぜひ味わいたのが琥珀の女王こと「アンブル ドゥ レーヌ」です。深煎りのコーヒー豆をじっくりネルドリップしてコクの豊かなアイスコーヒーをつくり、カクテルグラスに注ぎいれて、生クリームを浮かべます。スタッフが銀色のミルクピッチャーを慎重に傾けて、白と褐色の二層をなす優美な液体をつくっていく光景は、何度見ても飽きることがありません。飲むときは、かき混ぜずにそのままどうぞ。上唇になめらかな生クリームが触れた後から、濃厚な甘みをたたえた冷たいコーヒーが流れこみ、口のなかでまろやかに溶けあいます。

　創業当時より愛されつづけるチーズケーキは、クリームチーズを一般的なレシピの三倍以上は用いるという驚きの一品。チーズをそのまま楽しんでいるような味わいと食感です。

「喫茶店でコーヒーを飲む時間は心の贅沢なんです。忙しい日常のなかで立ちどまり、わざわざ30分ほど時間をつくってコーヒーを飲むことは心を豊かにしてくれる。おいしいコーヒーはそういう充足のための良い脇役ですね」と、お店のかた。

　柱や梁《はり》に秋田県の古民家の廃材を使用し、寄木細工の床に椅子と人々の影が落ちる空間は、心地よい落ちつきに満ちています。長い一枚板のカウンターの上に並ぶ銅製の砂糖壺の輝きも、フランス製アンティークのガラス扉や、地階への階段を飾る焼き物も、琥珀の女王が君臨する空間を豊かに彩っています。

menu

ブレンド 850円
紅茶各種 850円
アンブル ドゥ レーヌ 850円
カフェロワイヤル 1730円
チーズケーキ 570円
ガトーショコラ 570円

皇琲亭 コーヒーてい
豊島区東池袋 1-7-2
Tel 03-3985-6395
11:00 ～ 22:30
無休

09

ブラウン喫茶

デルコッファー

本所吾妻橋

「デルコッファー」は父から娘へと受け継がれた喫茶店。ご近所のおじさんたちの喫煙空間から、乙女たちの楽園へと大変身を遂げました。

江藤雄一さんが喫茶店を開いたのは一九八八年のこと。ドイツ語でトランクを意味する店名は、「好きなコーヒーを旅に出るときも持ち歩きたい」という思いと、コッファーという音の響きがコーヒーに通じることから名づけたたそう。「店名がアルファベットで書かれていたので誰も読めなくて、『○○弁当の前の喫茶店』などと呼ばれていたんですよ」と、娘の小芝麻紀子さんは笑います。

長くお店を手伝っていた小柴さんは、二〇二一年に経営を受け継ぐ際に「ブラウン喫茶」というサブネームを冠しました。尊敬する父が三十年間休むことなく守ってきた空間は、家具や壁の色が歳月とともに変化し、明るい茶色から濃い茶色までグラデーションが生まれています。その土台を大切にしながら自分なりに美しいブラウンを育てていきたい、という決意を込めたサブネームです。

看板商品は何度も改良を重ねた「自家製銅板焼きホットケーキ」と、新しくメニューに追加したクリームソーダ。薄く平たかったホットケーキは、小芝さんのこだわりの製法で、厚みのあるふっくらしたホットケーキに生まれ変わりました。クリームソーダは昭和の懐かしい香りを漂わせるアデリアレトロの花柄グラスで提供し、若い女性たちを魅了しています。改革を始めた当初は新旧の風がぶつかることもあったそうですが、父の江藤さんも、今では女性客の笑顔でいっぱいの空間と娘を自慢に思っているようです。

menu

ブレンド 550円
紅茶 550円
クリームソーダ各種 750円
厚切りトーストシリーズ 500円〜
自家製銅板焼きホットケーキ 900円
自家製珈琲ゼリー 680円

ブラウンきっさ デルコッファー
墨田区吾妻橋 3-1-10
Tel 03-3829-2070
8:00 〜 17:00、土・日・祝 9:00 〜 17:00
水休
Instagram：@derkoffer.cafe

10

珊瑚

東向島

東向島駅の旧名が玉ノ井駅だと聞けば、永井荷風ら作家たちが綴った色街が昭和三十年代まで存在していた土地だと気がつく人もいるでしょうか。当時の面影はほぼ消えていますが、住宅や小さな商店が並ぶ通りを歩きながら遠い残響を探すのも『日和下駄』めいた趣向かもしれません。

大正通りの横道で出会ったのが赤い鎧戸《よろいど》の喫茶店「珊瑚」。店内に足を踏み入れると、美しい半円を描くソファのモスグリーンの色調と、奥の壁に飾られた巨大な銅板レリーフのみごとさに視線を奪われました。

「ソファは昔はもっと鮮やかな色だったんです。先日は『モスグリーンに合わせて赤い服を着てきました』と女性のお客さんに言われて嬉しかったですね」と、夫婦でお店を切り盛りする立川誠一さん。

menu

ブレンドコーヒー 400円
クリームソーダ 700円
モーニングセット 550円
本日のランチ 850円
ホットケーキ 650円
プリン 450円

さんご
墨田区墨田 1-9-10
Tel 03-3610-3678
9:00 〜 18:30
日・祝休

珊瑚は立川さんのご両親が一九六三年に始めた喫茶店です。店名は桃太郎などの昔話に登場する金銀財宝をイメージしたそう。

「珊瑚には『磨けば光る』という意味もあるって親父が言ってたけど、後付けの理由だと思う（笑）」

一九八一年に改装を加えた空間は、昭和後期の日本の豊かさに支えられた喫茶店建築の魅力でいっぱい。壁のサイズに合わせて画家の乾敏夫氏に制作を依頼した銅板レリーフは、馬と騎士と姫君がモティーフです。

コーヒー付きの日替わりランチはおいしさと驚きの安さ、品数の多さで評判。この日は青椒肉絲《チンジャオロースー》とたっぷりのサラダにお味噌汁、副菜としてカツオの刺身まで登場！「正直言えばランチは分が悪いけど、お客さんに喜んでもらうのが好きだからね」

11

喫茶 古城

上野

明治時代、日本初のカフェとされる豪華な西洋館「可否茶館」があった上野の街。優雅なフランスの文化サロンに憧れた遺伝子が残っているのでしょうか、上野は現在もゴージャスな喫茶店が点在する昭和遺産の聖地です。なかでも最初の東京オリンピックの年、一九六四年に開店した「古城」は、贅を尽くしたインテリアで訪れる人々を魅了します。

地下宮殿へと誘う階段の入口に立てば、さっそくステンドグラスに彩られた馬上の騎士が姿を現します。胸を躍らせて下りていくと、そこは大理石の艶《つや》とステンドグラスの色彩、特注したシャンデリアの煌《きら》めきに囲まれた絢爛《けんらん》たる世界。すべて贅沢な本物の素材、そして創業者の松井省三さんがみずから方眼用紙に描いてデザインしたという驚異の空間です。

父の省三さんから古城を受け継いだ松井京子さんにお話をうかがいました。

「創業当時、ここは長屋だったんです。その頃はステテコ姿で来店するお客さんもいらしたくらいですから。家が狭いのでお客さんが来ると喫茶店に行って話をする、そんな時代でした」

先代はスタッフの制服を着物と定め、抹茶サービスやピアノの生演奏をおこなっていたとか。

「何十年もそういうサービスを続けてきたんですが、私の代でやめました。制服の着物はこちらで揃えるのですが、草履《ぞうり》と足袋、襦袢《じゅばん》は自前で用意してもらうんです。それでアルバイトの応募者が限られるし、自分で着られない人のために着付けの人を頼まなくちゃいけない。お抹茶サービスも、点てるのが下手だから茶筅《ちゃせん》がすぐだめになってしまう。そういうことが大変でやめたんです」

あらためて当時のサービスの贅沢さに驚かされますが、「税金に持っていかれるくらいならお客さまのために使う」が省三さんの信念だったそう。

「父は本物志向で、偽物はすぐにわかると言ってステンドグラスもちゃんと焼いてね。昔の人ですから小学校しか出てないんですが、いつも美術全集を見たりビルの建築現場に何度も足を運んだりしては勉強していましたね。『この店は三代、孫の代までもつようにつくってある』と言われました」

自慢のデザインのひとつは、真鍮で大理石を縁どり、お店のロゴをあしらった美しいモザイクの床。大工さんに「一万円札を床に貼りつけるようなもの」と言われたとか。

松井さんのご主人は「地下にあるか

ら表の景色が見えないでしょう？　でも見えるんです。この壁が自然のけしきを表現しているんです」と、大理石を積み重ねた壁を示しました。描かれているのは林と山、太陽あるいは月。「太陽なのか月なのか、もう本人がいないから訊けませんが」

目を凝らせば凝らすほど、痛いほどに伝わってくる創業者の情熱とこだわり。若い時分のモノクロの写真のなかで、創業者はダンディなスーツにベレー帽でポーズを決めていました。

「お商売をやっている家は家族みんなで働いて忙しいので、昼はお蕎麦の出前をとるんです。でも、熱いうちに食べようとすると父に叱られましたよ。それじゃ食事に時間がかかるから、冷めてから食べろって。それじゃお蕎麦がのびてまずくなるのにね」と、京子さんは快活に笑います。

六十年の歴史のなかで、コーヒーのチェーン店が台頭してきた時代、新型コロナの時代と、何度かの試練を乗り越えてきた古城。記憶に残るできごとを訊ねると――

「先日、若いお客さんが昔のコースターとマッチをくれたんですよ。『五十年前におばあちゃんがこのお店でいただいたものです』と言って、きれいに保存してあったのをお孫さんが持ってきてくれたんです」

コーヒーカップはブルーウィローと呼ばれる英国の伝統パターンを描いたNIKKOの「山水」シリーズ。創業当時から変わらない自家製マヨネーズを使ったサンドイッチの断面も美しく、エルミタージュ美術館の風景を描いたステンドグラスの光がテーブルに映っているのに見とれながら、古城のひとときを満喫しました。

menu

ブレンドコーヒー 600円
クリームソーダ 700円
モーニング 800円〜（〜 11:00）
ナポリタン 1200円
ミックスサンドセット 1400円
ホットケーキセット 950円

きっさ こじょう
台東区東上野 3-39-10 光和ビル B1F
Tel 03-3832-5675
9:30 〜 20:00
日・祝休
Instagram：@kojyo_kyoko

宮城
高級喫茶
KOJYO
上野駅前　光和ビル地下
TEL (832) 5675・5676

和骨董の世界と西洋アンティークのコレクションが融合し、独自の宇宙を生みだしている「珈琲 達磨堂」。足を踏み入れたとたんに、感嘆の小さな声をあげてしまいます。

前庭の緑が透ける窓辺のなんという美しさ。星のようなランプに魅せられて店内を見回せば、天井の高い吹き抜けの空間を、時代を重ねた梁や柱が支えているのがわかります。代々この地で暮らしてきた店主の細谷稔さんは、江戸時代に建てられた茅葺《かやぶ》き屋根の実家の古材を達磨堂の改修に活用したのです。

お店の前身は、昭和時代に両親が開いた「だるま食堂」でした。

「昔、このあたりは田んぼや湿地帯で、親父も農業をしていましたが、街道を通る車も増えてきたので食堂を出したんです。親父は道楽で達磨を彫ってい

12

珈琲 達磨堂

金町

て、何千体も作品をつくりました。店の前の大きな達磨も親父が彫ったものです」と細谷さん。一九八八年に喫茶店として大がかりなリノベーションをおこない、三角屋根の建物と達磨の石像は岩槻街道沿いのランドマークになりました。

カウンターには有田焼のカップのコレクションが並んでいます。この日いただいたのは、ほろ苦さのなかに甘さが漂う深煎りのブレンドコーヒーと、パリッとした食感のクロワッサンにハムや卵をはさんだサンド、野菜サラダをたっぷり添えた一皿。

ドラマの撮影にもよく使われる印象的な空間を訪れるお客さまのなかには、ごひいきの俳優と同じ席に座って記念撮影する人もいれば、ゆっくりコーヒーを味わう人もいて、それぞれの喫茶時間を満喫しています。

menu

だるまブレンド 700円　ダッチコーヒー 800円
ミルクティー 700円　カフェ・クレーム 950円
ピザ各種 800円～　コンビサンド 700円
ケーキセット 1100円　和風黒ごまプリン 700円

コーヒーだるまどう
葛飾区水元 5-17-13
Tel 03-3609-4497
11:00 ～ 19:00（L.O.18:30）
月休（祝日の場合は営業し、翌日休み）
HP：darumado1988.com

13

珈琲道場 侍

亀戸

menu

侍オリジナルブレンド 500円　水出しアイスコーヒー 500円
紅茶各種 500円～　カクテル各種 700円～
ビーフカレードリア 850円　トースト各種 550円～
自家製プリン 650円　レアチーズトルテ 500円

ロッキングチェアの背もたれに後頭部をあずけて、舌にコーヒーやお酒の余韻を感じながら小さくゆらりと揺れてみる――「珈琲道場 侍」ならではの時間の過ごしかたです。

一九八〇年の開業以来、長いカウンターに並ぶロッキングチェアはこの喫茶店の変わらぬアイコンです。二〇一〇年の取材の折に、店主の近藤孝之さんに「幼い頃から合気道に励んで武道の心得が身についた」とうかがいました。その心得を活かせる仕事が喫茶店だったのだと。技を決めたあとも最後まで気を抜かないようにと説く「残心」は、茶道の一期一会の精神に通じるもの。お客さまの気分に合わせた距離感やタイミングを見きわめる「間合い」も大切だといいます。

それから十三年の時が流れ、当時スタッフだった春日孝仁さんが店長と

コーヒーどうじょう さむらい
江東区亀戸 6-57-22 サンポービル 2F
Tel 03-3638-4003
8:00 〜 23:00、金・土 8:00 〜 24:00　日休
Instagram：@coffedojyo_samurai

なって新しい言葉を添えてくれました。

「武道は礼に始まり礼に終わると言います。『いらっしゃいませ』から『ありがとうございました』までの礼を大切に切磋琢磨しようというコンセプトで、オーナーは店名より珈琲道場というサブタイトルを先に決めました」

かつて亀戸には時計の製造工場や保険会社、証券会社が並び、社員たちが朝礼もそこそこに来店していました。現在では若いお客さまが増え、フルーツの飾り切りが美しいプリンや、八時間かけて抽出し、コクとすっきりした甘みを両立させた水出しコーヒーを楽しんでいます。礼を大切にした接客の心は若い人々にも自然に伝わっていて、時おり感謝の手紙が届くことがあるといいます。珈琲道場は憂いや迷いを払ってくれる場所なのです。

第2章

神田・神保町の喫茶店

14

さぼうる

神保町

喫茶店の総本山、神保町。世界最多の古書店群と歴史ある喫茶店が密集するこの街は、一度お参りすれば喫茶心が清められ、喫茶店の寿命も延びるというありがたい御利益があるのです。

　なかでもパワースポットとして名高く、全国から老若男女の参拝客が絶えないのが「さぼうる」です。ご神木は一九五五年の開店記念に植えられ、いまや屋根の上にまで緑の枝をひろげるヒマラヤ杉。狛犬は扉の横に立つトーテムポール。祭壇は店内左手の暖炉でしょうか。その上に並ぶ全国各地の人形や楽器は、さぼうるを愛する人々が持ちこんだおみやげの数々。

　お客さまが壁の煉瓦を落書きで埋めつくしたのは、神社に千社札を貼る心地に通じるのかもしれませんね。そのなかにはこっそりと有名人のサインも混じっています。

　店名は仕事や授業を「さぼる」に由来するという説が流布していますが、じつはスペイン語の「味」から。さぼりに来た人も勤勉な人も居心地よく共存し、いつのまにか素敵なダブルミーニングになりました。

＊

右の文章は二〇一一年発行の『東京の喫茶店』に書いたさぼうるの紹介の前半部分です。当時まだお元気だった鈴木文雄マスターに原稿の内容確認をお願いしたとき、開口一番に「いやあおもしろいね！」と笑って褒めてくださったのをよく覚えています。

　もう少し抜粋を続けましょう。

＊

　店主の鈴木文雄さんは「このごろは毎年一センチずつ身長が縮むようになったけど、思い出の品々に見守られながらお店を続けています」とにこやかに語ります。

「私には子どもがいないので、お店が

子どものようなものでね」

青年時代は京橋のレストランでサービスを担当していた鈴木さん。「喫茶店を始めるので力を貸してほしい」と、友人だった三浦守さんに請われ、ほんの数か月のつもりで協力したのが神保町生活の始まりでした。

不思議なもので、三浦さんは四年でリタイアし、鈴木さんはその後五十年にわたってさぼうるの顔、ひいては神保町を代表する顔として親しまれてきました。七十七歳を過ぎた現在も眼光鋭く、取材中も暖炉を背にして入口から目を離さず、次から次へと入って来るお客さまに挨拶をしたりスタッフに指示を出したりする姿はさすがのひとこと。

「喫茶店には夢があります。数百円で買える夢です。ぜひ神保町の喫茶店を回ってみてください」

＊

鈴木さんが老衰で亡くなったのは二〇二一年の大晦日のこと。学生時代から長年にわたりさぼうるで活躍してきた伊藤雅史《いとうまさふみ》さんが後継者となり、バイト仲間だった妻の智恵《ちえ》さんとともにお店を再開しました。

「名店を受け継いだ覚悟？　皆さんに言われて初めて、そういうお店だったのかと意識するようになりました」と伊藤さんは気負いなく笑います。

胸に刻まれたマスターの言葉の数々のなかでふと蘇《よみがえ》るのは、たとえばあたりまえにあるものを大事にすること。

「長く使っていれば自ずと価値が生まれると言ってましたね。赤電話も昔はどこにでもあったのに、いつの間にかうちに一台だけ残っていて珍しがられるようになった。お店自体もそうなんだなと思います。同時に、『モノには限界があるのでいずれは壊れる』とも言っていました」

古いものを修理しながら使いつづけるいっぽうで、時代の変化に対応していくのが伊藤さん流。懸案だったトイレの洋式化も実行しました。

鈴木マスターは「普通より少し美味しければいい。究極の味じゃなくていい」とも語っていたそうです。日常使いの喫茶店は、お客さまに「変わらないね」と喜ばれる味と、気前のいい量とスピードと安さが身上なのです。

「先日の神田祭では、町会のいろんな世代の人たちが『さぼうるのジュースを飲んで育った』『マスターがこんなサービスをしてくれた』などと思い出を話してくれて、さぼうるが街の宝物であることを実感しました」

そんな二人が、堆積した地層の上に新時代の時間を積み重ねています。

さぼうる
千代田区神田神保町 1-11
Tel 03-3291-8404
11:00 〜 19:00
日・祝休＋不定休
Instagram：@sabor_jimbocho

menu
ブレンドコーヒー 650 円　紅茶 650 円
いちごジュース 800 円　クリームソーダ 850 円
生ビール 750 円〜　ウィスキー各種 650 円〜
ピザトースト 850 円
ミックスサンド 850 円

15

ラドリオ

神保町

一九四九年に誕生した「ラドリオ」は、神保町に現存する最古の喫茶店です。店名はスペイン語で煉瓦。煉瓦と木を組み合わせた重厚なハーフティンバー様式は、当時の流行建築でした。

ラドリオが「ミロンガ」と並んで文学者のたまり場となったのは、向かいの建物の二階に伝説的な部屋が存在していたためでした。小さな一室に昭森社、書肆ユリイカ、思潮社という文芸出版社が同居して机を並べ、ひとつの電話を共有していたのです。ラドリオの煉瓦の深い凹凸は、その陰影のなかに喫茶店建築史と、コーヒーを啜る絢爛たる顔ぶれの詩人や作家たちの記憶を湛《たた》えています。

訪れたら一度は注文したいのがウィンナーコーヒー。ラドリオは日本で初めてウィンナーコーヒーを提供した喫茶店としても知られています。ブラン

menu

ウィンナーコーヒー 650円　ブレンドコーヒー 650円
ロイヤルミルクティー 750円　生ビール 550円 / 中 700円
ナポリタン 900円（ランチセット 1100円、平日 17時まで / 土・日・祝終日）
ラドリオ特製コーヒーゼリー 750円　ケーキセット 900円

デーが香りたつ特製コーヒーゼリーは大人のお客さまに好評です。

かつてバータイムにはボトルキープした大人たちがカウンターにずらりと背中を並べ、「いつかあの中に混じりたい」と夢みて学生時代から通いつめた人々もいたそうですが、現在ではお酒のグラスを傾ける客人の隣にクリームソーダの客人が座っているという光景が見られるようになりました。

この文化財クラスの貴重な建物を保存していくために、さまざまな努力が重ねられています。二〇〇〇年代には老朽化して傾いていた建物を一度ジャッキで持ち上げて水平に戻し、床に煉瓦をもう一層積むという大規模な改修をおこなっており、東日本大震災後も耐震補強を加えています。神保町と日本の現代詩の原風景のようなこの場所が、永く保たれますように。

ラドリオ
千代田区神田神保町 1-3　Tel 03-3295-4788
11:30 〜 22:30（L.O.22:00）、土・日・祝 12:00 〜 19:00（L.O.18:30）
火休
Instagram：@ladrio1949

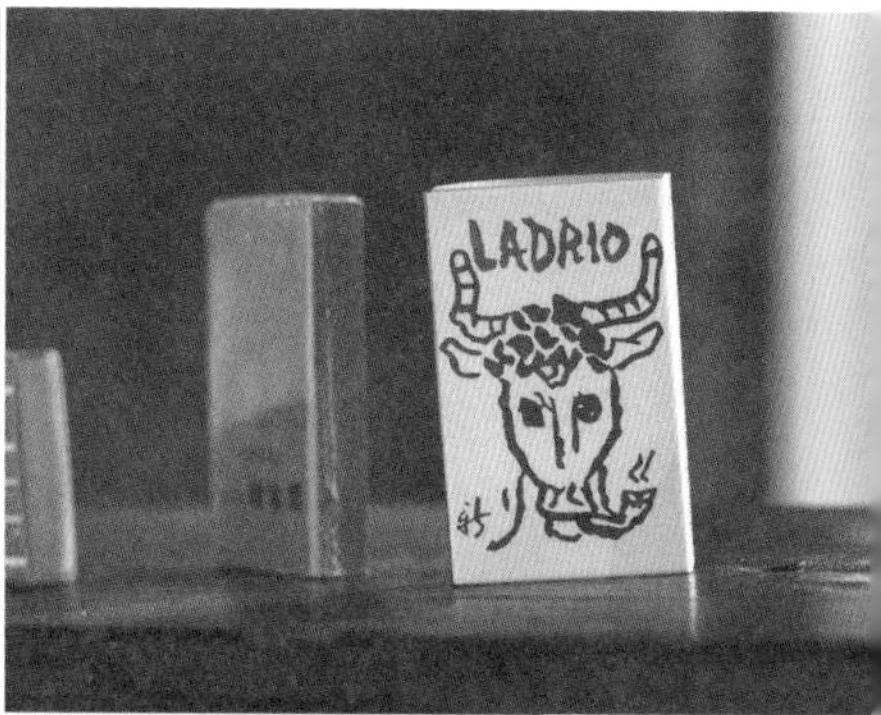

16

ミロンガ ヌォーバ

神保町

煉瓦造りのタンゴ喫茶「ミロンガ・ヌォーバ」とシャンソン喫茶ラドリオが、傘をさしてすれ違うのがやっとという細い小路を挟んで老姉妹のような風情で寄りそう姿は、二十一世紀の東京に残っているのが奇跡と思われる風景でした。

ミロンガが誕生する以前、この建物の二階には、戦後の現代詩の基礎を創った三つの小さな文芸出版社が事務所を構え電話を共有していました。一階には出版社が開いた喫茶店「ランボオ」があり、三島由紀夫や遠藤周作らが出入りしていたという文学の香り高い空間です。

その跡地にミロンガが開店したのは一九五三年のこと。五〇年代は国内でタンゴが流行し、音楽喫茶が全盛となった時代。各大学のタンゴ同好会やタンゴ好きの人々が集ったそうです。

九五年には経営者がミロンガに交代して店名に「新しい」を意味するヌォーバを加え、メニューに数十種類に及ぶ世界各国のビールと炭火焙煎コーヒーを採り入れました。

陰影が趣深い店内で目を引くのは、ガラスケースに収められた古いバンドネオンと、五百枚ほどのLPレコード。そのなかには、タンゴを愛した亡き常連客の遺族から寄贈されたコレクションも混じっています。スタッフが一枚を選んでターンテーブルにのせると、アルテック社製のスピーカーから憂いを帯びたタンゴの旋律が流れはじめ、うつむき加減で想いに耽る人々を包んでいきました。

残念ながら二〇二二年十二月、建物の所有者から取り壊しのため退去すべしとの通告を受けて慌しく休業。ミロンガはほんの二〇メートルほど離れた場所へと移転しました。後日、貴重な歴史的建物が解体から保存へと方針変更されたのがせめてもの慰めですが、昭和の苔むした夢へと通じているような喫茶小路の一角が欠けているのを見るたびに芭蕉の句が脳裏をよぎります。さまざまの事をおもひ出す桜かな。

されど、二三年二月にスタートした新生ミロンガを訪れると嬉しい発見が待っていました。移転先は、じつはラドリオが入居しているビルと同じなのです。ラドリオは昭和三十年代までL字型のビルの広い面積を占めており、かつてラドリオの一部だった空間がミロンガの新店舗となったのです。

面積は旧店舗の約半分になりましたが、往年のすばらしい空間がみごとに再現されています。落ち着いた色調の木の椅子やテーブル、巨大なスピーカー、シャンデリアやレリーフなど、旧店舗にあった調度品を大切に運び入れてそのまま使っており、レコードから流れるアルゼンチンタンゴの音色が〝いつものミロンガ〟の空気を生み出しています。磨きこまれた艶のあるカウンターの天板も、旧店舗の大テーブルを再利用していました。

「改装工事に関わってくれたのは元のミロンガをよくご存じのかたばかりです」と、約二十年にわたり店長を務めてきた浅見加代子さんにうかがいました。「建築士さんは、元のミロンガを改装した際にお世話になった建築士さんの息子さん。安心してお願いできました」

古びた煉瓦の壁も旧店舗から移設したのかと思いきや、煉瓦を外すと壁が崩れてしまうので実現できなかったそう。

「これは昔のラドリオの壁なんですよ」と浅見さん。新ミロンガが発掘してくれたおかげで、約六十年ぶりに元あった旧ラドリオの壁が姿を現したのです。

厨房では以前と変わらないメニューの数々がつくられています。満席になることもありますが、お客さまには並んで待たないようお願いしているそうです。喫茶店は長い行列をつくってまで入る場所ではないはず。神保町に脈々と息づいてきた喫茶文化の本来の姿を大切にして、道ゆく人々が休憩しにふらっと入れる場所でありたいという浅見さんの言葉に、街の変遷を肌で感じながらお店を守ってきた人ならではの、控えめながら凛とした気概を感じました。

街角の風景と文化のかけがえのない保管装置でもある喫茶店。ミロンガは新しい風景のなかを歩んでいます。

menu

ミロンガブレンド 650円　紅茶 650円
カフェ・アイリッシュ 900円　ビール各種 900円〜
スパイシー・ドライカレー 1000円
ピザ・ミロンガ 900円
本日のケーキ各種 450円

ミロンガ ヌォーバ
千代田区神田神保町 1-3-3
Tel 03-3295-1716
11:30 〜 22:30（L.O.22:00）、
土・日・祝 11:30 〜 19:00（L.O.18:30）
水休
Instagram：@milonga.nueva

17

カフェトロワバグ

神保町

menu

トロワブレンド 650円　オーレグラッセ 800円
グラタントーストとコーヒーセット 1600円
その他サンドイッチとコーヒーのセット 1600円
珈琲屋さんのティラミス 700円　プリン 700円など

日常の行動エリアに自分の居場所となる喫茶店がひとつあれば精神的に少し強くなれる。なにかあってもそこに行けば平常心を取りもどせるから——その居場所が自分にとっては「トロワバグ」であり、ここが誰かにとってそんな存在になれたらと思います、と店主の三輪徳子さんが胸に沁みる言葉を聞かせてくれました。

一九七六年に三輪さんの両親が開店したトロワバグは、建築デザイナーとして一世を風靡した松樹新平《まつきしんぺい》のデザインと、コクテール堂のオールドビーンズを組み合わせた初期の素敵な例。母の弘子さんは二十年間、一日たりともお店を休まず、病で亡くなる直前まで「お店が一番落ちつく」といってカウンターに立ちつづけました。

お店を継いだ徳子さんは、大切な母の形見である空間を守りながらメ

カフェトロワバグ
千代田区神田神保町 1-12-1 富田ビル B1　Tel 03-3294-8597
10:00 〜 20:00（L.O.19:30）、土・祝 12:00 〜 19:00（L.O.18:30）
日休
HP：troisbagues.com

ニューを進化させてきました。弘子さんが考案した名物のグラタントーストも、ベシャメルソースとハム、ゴーダチーズを食パンに重ねてふっくら焼きあげるという基本レシピはそのままに、より旨みを感じる味に改良し、彩りの美しいサラダを添えています。

「受け継いだ当初は母の存在があまりにも大きくて、とにかく必死でした。女性がほっとできるお店づくりを心がけ、メニューの追加や禁煙を実施した結果、女性ひとりのお客さまが増えて嬉しく思っています」

　常連客とはつかず離れず、されど不思議に信頼を感じる関係。お互いに顔を見ればなんとなくコンディションがわかるのだそう。「コーヒーがすごくおいしいけど何かいいことありました？　などと訊かれることもあり、常に姿勢を正さなくては、と思います」

18 珈琲ショパン

淡路町

扉を開けてカウンターの前を進んでいくとショパンのピアノの装飾音《トリル》と和音がこぼれてきて、そっと腰をおろしてステンドグラスの光を見上げれば夢見心地。注文するのは通常の三倍の量のコーヒー豆を使ってネルドリップする濃いコーヒーと、名物の「アンプレス」です。

　戦災を免れた木造建築の老舗飲食店が点在する一角で、一九三三年創業の「ショパン」は、今日も多くのお客さまを迎えています。四十年前に常連客の要望に応えて考案したあんバタートースト「アンプレス」が近年再び脚光を浴び、若者たちも来店するのです。

　創業者は現店主の義母にあたる岡本志げさん。「まだ周囲に喫茶店が少なかった時代のことで、最初は大変だったと聞いております」と、三代目店主の岡本由紀子さんは語ります。

「生前の義母は二階に住み、いつもきちんと着物を着て下りてきて店内をしっかり見守っていました。物言いのはきはきした人でしたよ」

　創業時の店舗は現在りそな銀行が建つ場所にありましたが、八六年に駅前再開発のために移転。半世紀にわたって大切に使ってきた調度品を移設して、以前の空間と同じ雰囲気を再現しました。ステンドグラスと鏡を嵌めこんだキャビネットの美しさ、飴色の艶をおびた籐椅子、壁を飾る木彫品の数々。昔日の喫茶店は贅沢でロマンティックだったのだなと感嘆せずにはいられません。

　アンプレスのおいしさの秘訣は、バターをたっぷりと惜しみなく使うこと。バターの塩気とつぶあんの甘み、トーストの香ばしさが三位一体となった名作です。

menu

ブレンド珈琲 550 円　紅茶 550 円
バナナジュース 650 円
トースト各種 450 円～
アンプレス 600 円
コーヒーゼリー 650 円
アイスクリームセット ドリンク＋ 150 円

コーヒー ショパン
千代田区神田須田町 1-19-9
Tel 03-3251-8033
11:00 ～ 19:00、土 11:00 ～ 18:00
日・月・木・祝休

19

ギャラリー珈琲店 古瀬戸

神保町

「日本で唯一のオリジナリティを持つ喫茶店」と新聞上で賞賛された「古瀬戸」。最初の店舗は一九八〇年に神田小川町に開店した古瀬戸珈琲店。とびきり大胆で個性的なこちらの店舗は八八年に開かれました。

外壁を彩るのは「神保町のグローバリズム」と題した大絵《おおえ》晃世《あきよ》さんの作品。足を踏み入れれば鮮やかなブルーとテラコッタの色彩に目を奪われます。グランドピアノを象《かたど》ったカーブを描く壁面に、城戸《きど》真亜子《まあこ》さんが「幸せの予感」をテーマに大作を描いたのです。

オーナーの加藤《かとう》正博《まさひろ》さんは二〇一〇年の取材時に「僕はポストモダンの世代。合理的、機能的なモダンデザインには飽きたりなかったんです。最初のお店などは特に実用的じゃない間取り」と笑っていました。

陶壁《すえかべ》をはじめ、コーヒーカップや椅子の背に用いる陶器の数々は故郷の愛知県瀬戸市で美夜之窯を主宰する叔父に依頼したもの。美術《アート》と工芸品《クラフト》が同居する空間となりました。

赤い壁は設計を手がけた建築家の神《かみ》谷《や》五男《いつお》さんいわく、エルミタージュ美術館の壁のような「暖炉色」。その一画のスペースを貸しギャラリーとし、アーティストが作品展に利用しています。

明るいアート空間で頬ばりたいのは店長考案のシュークリーム。カスタードクリームにアーモンドペーストとクリームチーズを練りこんだコクの豊かなおいしさは、萩原珈琲の炭火焙煎豆を使ったほろ苦いコーヒーともよく合います。カレーは親しみやすい「喫茶店の味」を大事にしながらも、サフランライスと組み合わせているのがやっぱり素敵に個性的なのでした。

menu

古瀬戸ブレンド 600円
抹茶オレ 720円　ラッシー 660円
チキンカレー（サフランライス、サラダ付き）880円
ホットサンド（スープ、ミニサラダ付き）740円
古瀬戸オリジナルシュークリーム 590円
ケーキ各種 590円～（ドリンクとセットで 100円引き）

ギャラリーコーヒーてん こせと
千代田区神田神保町 1-7 NSE ビル 1 階
Tel 03-3294-7941
10:00 ～ 20:00
無休
HP：gallerykoseto.shopinfo.jp
Instagram：@gallerykoseto

20

珈琲舎 蔵

神保町

変わりゆく神保町の古書店街を彷徨してくたびれた路地裏で、ふと目にとまる藍色の日よけ。コーヒーの芳香を想像して急な階段をのぼると、カウンターの中で店主の鈴木《すずき》裕之《ひろゆき》さんが期待にたがわぬコーヒーを淹れています。

一九九四年にオープンした「蔵」は端正なたたずまいの静謐な空間です。粗挽きのコーヒー豆をふんだんに使ってメリタ式ドリッパーで抽出する一杯は、さらりとした苦みと軽やかさが魅力。理想とするのは、大ぶりのウェッジウッドのカップで飲み終えても「もう少し飲みたいな」と感じるようなすっきりした味わいです。

「喫茶店の役割はほっとひと息つける空間を提供することだと思っているので、対応に悩みましたが、パソコンの使用はご遠慮くださいと明記するようになりました」と鈴木さん。カウンター

menu

ブレンドコーヒー 800円（2杯目以降 300円）
ストレートコーヒー各種 900円　カフェオレ 900円
紅茶 900円　ココア 950円
チーズケーキ 300円　今日のタルト 350円

席に座っても、匂やかな花々がこぼれる大きなテーブルを選んでも、買ったばかりの本のページをめくって言葉の群れを追いかけることができるのは、鈴木さん自身がその喜びをよく知っているからでした。壁面を飾る洋画家・舟木《ふなき》誠一郎《せいいちろう》の作品「沈黙」が、読書の時間を優しく見守っています。

　街の姿がいかに変貌しようとも、古くから神保町を愛してきた人々が根っこを支えているかぎりこの街の文化は揺るがないと思う、と鈴木さんは語ります。蔵の常連客の中にも神保町で働き、街で飲んだり食べたりうろついたりしているうちにすっかり神保町の多彩なカルチャーに魅了され、引っ越してきて住民になった人がいるそう。

「そういうお客さまを通して街角の情報が集まってくる。それも喫茶店の楽しみのひとつですね」

コーヒーしゃ　くら
千代田区神田神保町 1-26 矢崎ビル 2F
Tel 03-3291-3323
11:00 ～ 20:00、土 12:00 ～ 17:00
日・祝休

21

神田伯剌西爾

神保町

良い本屋さんの隣には良い喫茶店がある。そんなジンクスを実証してくれるのが「神田伯刺西爾《かんだぶらじる》」です。ビルの地上階は稀少な写真集や美術書、ファッション誌を求めて海外からも多くの人が訪れる老舗古書店「小宮山書店」。ビルの横に回って白い暖簾の階段を下りれば、深い焦げ茶色の地下世界がひろがります。

　一九七二年の開店以来変わらない民芸調の佇まいは、蕎麦屋にも見える和の落ちつき。ほの白い障子がスペースを区切り、奥の囲炉裏《いろり》には自在鉤《じざいかぎ》に鉄瓶が下がっています。

　壁が煙った色合いを帯び、古民家を思わせる太い梁や木製の椅子が艶やかに黒光りしているのは、半世紀分の喫煙者たちの小さな幸福が漂っているためかもしれません。ここは二〇二〇年に施行された東京都受動喫煙防止条例により喫煙可能な喫茶店が急減するなか、広さを活かして完全分煙をおこない、喫煙エリアを設けているのです。ありがたいのは両エリアとも煙草の匂いがこもらないこと。私は喫煙者ではありませんが、囲炉裏の前に座って煙をくゆらしながら啜るコーヒーはさぞ満ちたりたおいしさなのだろうなと想像せずにはいられません。

　長年にわたり店長としてカウンターに立ってきた竹内啓《たけうちけい》さんは、一杯ずつペーパードリップする自家焙煎のコーヒーがぶれずに同じ味になるよう心がけています。力強い苦みが魅力の「神田ぶれんど」や、優しい酸味をもつ「亜米利加ぶれんど」をはじめ、多彩なラインナップから苦みと酸味のバランスが嗜好に合った一杯を選べます。持参した本のテイストに合わせてコーヒーを選ぶのも楽しそうですね。

menu

ぶらじる特製ブレンド各種 600 円
ストレートコーヒー各種 600 円〜
紅茶各種 650 円
カフェオレ 700 円
コーヒーゼリー 600 円
ケーキセット 900 円〜

かんだぶらじる
千代田区神田神保町 1-7 小宮山ビル B1F
Tel 03-3291-2013
11:00 〜 21:00、日・祝 11:00 〜 19:00
無休
HP：k-brazil.jp

22

壹眞珈琲店

神保町店

神保町

「壹眞珈琲店」もまた「良い本屋さんの隣には良い喫茶店がある」の法則にのっとったお店です。

　こぢんまりしたビルの一階から三階までは浮世絵や現代版画を扱い、美術館のような趣を漂わせる「山田書店」。地下への階段を下りていけば、バックカウンターの棚にヨーロッパの名窯のカップが並ぶ壹眞珈琲店です。銀座にも贅沢な内装の二店舗を展開していますが、最初に出店したのが神保町交差点のすぐそばにあるこの店舗。

「ゆったりと本を読む人の多い街で喫茶店がしたかったのです」

　オーナーの石川さんのそんな思いを実現し、小粒の真珠のような品格の漂う一軒が誕生したのは一九八二年のことでした。

　一杯ずつカリタ式ドリッパーで抽出するブレンドは、萩原珈琲の新鮮な豆を使用。快い苦みとコクに透明感をあわせもつ味わいは、ショーケースに並ぶケーキとの相性もぴったりです。私が注文した品はウェッジウッドの可憐なワイルドストロベリー柄のカップとプレートで供されました。

　美しいお水のグラスは、指が触れる部分をわずかにくぼませたオリジナル。手になじむようにという細やかな心配りが光ります。

　喫煙可能なため、お昼どきは界隈にお勤めの方々が食前食後の一服を楽しむ姿を多く見かけます。若い人にはほんの少し敷居が高いかなと思いきや、近くの大学の学生たちも読書や談笑を楽しんでいました。

　どの店舗の壁にも飾られている絵画の数々はある映画監督の作品。歴史を重ねた喫茶店には、小さな謎や発見がちりばめられているのです。

menu

ブレンド珈琲 650円　壹眞ブレンド 750円
マンデリン 750円　ミルク珈琲 750円
紅茶各種 650円～　抹茶オーレ 750円
ベルギービール 750円
極深焙煎珈琲ゼリー 650円
ケーキセット 1100円～

かづまコーヒーてん じんぼうちょうてん
千代田区神田神保町 1-8 山田ビル B1F
Tel 03-3292-2961
11:30 ～ 22:00、日・祝 12:00 ～ 21:00
無休
HP：kazumacf5.wixsite.com/kazumacoffee

炭火焙煎珈琲
壹眞珈琲店

23

文房堂 Gallery Café

神保町

menu

レギュラー珈琲 580 円 / ポット 800 円　紅茶、ハーブティー各種 630 円
ロイヤルミルクティー 600 円 / ボウル 750 円
ハムチーズホットサンド 800 円 / スープとドリンク付きセット 1230 円
スタイルズケーキ 650 円～

「文房堂」は一八八七年に創業し、大正時代に日本で初めて専門家用油絵具を製造・販売した総合画材店。神田すずらん通りに建つ本社ビルは一九二二年、関東大震災の一年前に建てられました。当時まだ珍しかった鉄筋コンクリート造の建物は大震災の激しい揺れに耐え、その後、東京大空襲の炎も免れて昭和の時代を生き抜きます。

九〇年、老朽化による解体を前に、近隣住民から「町の歴史とともに生きてきた貴重な建物を保存してほしい」という声があがり、千代田区からの要請も受けて、正面の外壁を大切に保存して特殊工法により背面の建物だけを建て替えたのです。

大正モダンとアールデコのデザインを取り入れた外観は、神田すずらん通りの美しいランドマーク。

「工事期間中に文房堂の背面にまだ大

ぶんぽうどうギャラリーカフェ
千代田区神田神保町 1-21-1 文房堂ビル 3F　Tel 03-3291-3442
11:00 ～ 18:30（L.O.18:00）
無休
HP：bumpodo.co.jp　Instagram：@bumpodo

きなビルがなく、重機が出入りできる環境だったというのは奇跡のようなことだなと思っています」と、広報担当の鍋田《なべた》さん。「カフェをご利用のお客さまにもそんな歴史を自然に感じていただければと思います。窓辺から外壁のスクラッチタイルが間近に見えて、外から眺めるのとはまた違った雰囲気がお楽しみいただけますよ」

一、二階には画材や文具が並び、三、四階はギャラリー、五階はアートスクール。文具売り場を回ってインスピレーションを受け、カフェでノートにアイディアをしたためる……そんな人の姿も見かけるそうです。

夏の午後、窓辺の特等席で通りを見おろしながら、上等のハムを用いたハムチーズホットサンドと、神保町で人気のケーキ屋さん「STYLE'S CAKES & CO.」特製のタルトを満喫しました。

24

眞踏珈琲店

神保町

二〇一一年版『東京の喫茶店』の最初のページでご紹介した南青山の名店「蔦珈琲店」は、二三年五月、店主の小《こ》山泰司《やまたいじ》さんの逝去により、多くの人に惜しまれつつ三十年以上にわたる歴史に幕を下ろしました。

　蔦珈琲店の最期を看取《みと》ることになったのが、かつて四年間スタッフの中心的存在として活躍し、二〇一六年に独立して「眞踏珈琲店」を開いた大山眞《おおやまま》踏《ふみ》さんでした。入院した小山さんに請われ、自身のお店をスタッフにまかせて愛する古巣、蔦珈琲店に立ち、コーヒーの焙煎も担当。蔦珈琲店の閉業を告知した際には、常連だった有名無名の人々から「なんとか存続の手助けをしたい」という電話やメールが押しよせ、お店がいかに愛されていたかを痛感したといいます。

　まだ残されている蔦珈琲店の公式サイトには、大山さんの発案だった「珈琲と庭、そして無駄話を愉しむ喫茶店」という文字が白く浮かび、ささやかな墓碑のようにも見えます。

　駿河台下交差点近くの狭い路地に潜む眞踏珈琲店は、「珈琲と、本と、そして無駄話を愉しむ喫茶店」。一階はカウンター席中心で、ひとりで訪れたお客さま同士でなんとなく会話が始まることがあります。読書の時間を求める人は、壁面に書物が並ぶ階段を上がって二階へどうぞ。そこは大山さんの蔵書である魅力的なセレクトの本や漫画がずらりと並ぶ書架の森。コーヒーを片手に読み書きに没頭できる自由空間です。本棚のひとつに、英国スパイ映画のような隠し扉が仕込まれているのもお見逃しなく。

　二階の一角に置かれた焙煎機でローストするコーヒーは、自作するランプル型のネルを用いて、粉の上にお湯を点滴するように丹念にドリップ。大倉陶園の端正なカップで供されます。かつて蔦珈琲店を愛した人々がコーヒーと憩いを求めて訪れることも少なくありません。

　ところで、ずっと青山で過ごしてきた大山さんがなぜ神田・神保町という場所を選んだのでしょうか。八年前、オープンしてまだ日の浅い頃に訊ねるとこんな答えが返ってきました。

「ひとつには、昼間に人がいること。平日に仕事をしている人が多い街がいいと思ったんです。ふたつめは、街にコーヒー文化があって喫茶店が多いこと。第三に、本との親和性です。よく『ライバル店が多いでしょう』と言われるんですが、僕は仲間だと考えています。これだけ喫茶店が多いということは、喫茶店がやっていける街だということだから」

たしかにこの街は、プリマベーラやエリカ、柏水堂を筆頭に昭和の喫茶店のいくつかが失われたいまでも、変わらぬ本と喫茶の聖地なのです。

学生時代に蔦珈琲店に感銘を受け、毎日のように通いつめた大山さん。社会学を専攻し、フィールドワークのためニューヨークのスラムで一か月ほどホームレス生活を体験しながら論文を書いたそうですが、蔦珈琲店の何に魅了されたのでしょうか。

「もともと喫茶店が好きであちこちの有名店に行っていたんですが、帰国して蔦珈琲店を見て、アメリカにもこんな場所はないと思ったんです。学生さんから大企業の社長、芸能人まで、とにかくいろんな人たちがステイタス抜きで、一律七百円を払ってカウンターに並んで会話しているという空間が衝撃的でした。庭の眺めがいい、コーヒーがいい、人がいい。こんなオアシスがあったのか！」

喫茶店業のすべては小山さんから教わった、と大山さんは語ります。

「小山さんがこだわったもの？　あの人は雑誌の取材を受けるとだいたい『僕はこだわりなんかないんです』と答えていました（笑）『もっといいものがあるならすぐ取りかえたい。でも、いいものってなかなかないんだよね』。よく『王道を行け』とも言っていました。王道を行けば、儲からないけれど潰れないから、と」

笑い混じりにお話を楽しんでいるうちに、喫茶店の夜は更けていきます。

蔦珈琲店の魅力は、つきつめれば長い歳月、毎日カウンターに立って多種多様なお客さまと無駄話をやりとりしながら生きた小山マスターという人物の魅力にほかなりません。私自身も、ある期間メニューにあったカレーを待ちながら、たまたま隣りに座った人と暇つぶしの言葉を交わして自然に知り合いになった経験があります。あのカウンターには、そんな魔法がかかっていました。喫茶店に血液を通わせる魔法。眞踏珈琲店が継承した遺伝子のなかでもっとも重要なのは、その魔法の成分なのではないかと思うのです。

魔法はタイミングが合ったときに発動するもの。話したい人が多い日、静かに過ごしたい人が多い日、どちらも入り混じる日。扉を開けるまでわからないのが醍醐味です。もし読書したいのにうるさい二人組が隣にいたら？

「社会とはそういうもの」と大山さん。そうそう、そんな世界観、人生観を聞いて自分を拓《ひら》くような発見をするのも喫茶店の楽しみのひとつです。

まふみコーヒーてん
千代田区神田小川町 3-1-7
Tel 03-6873-9351
12:00 ～ 23:00（L.O.22:30）、
日・祝 12:00 ～ 21:00（L.O.20:30）　無休
HP：coffeemafumi.html.xdomain.jp
Instagram：@mafumi.coffee

menu

珈琲 琥珀 900 円　珈琲 水瑠璃 900 円
紅茶 900 円　浅葱色のくりぃむそぉだ 1200 円
ハウスワイン 900 円　パーリンカ 1500 円～
カレーライス（お飲みものつき）1700 円～
お飲みものと、ケーキ各種 1550 円～
お飲みものと、プリン 1550 円～

2010 年、中庭の緑が輝く蔦珈琲店と店主の小山泰司さんの思い出

25 カフェ ビィオット
神田

開店と同時に常連客が入ってくる「カフェ ビィオット」。店内には深煎りのコーヒーとトーストの香りが漂います。毎日通勤前に来店する人から年配の方々まで、各人の好みをそれとなくわかる範囲で記憶してしまった、と店主の正能真介《しょうのうしんすけ》さんは笑います。

グラニュー糖とコーヒーシュガーのどちらが好きか。コーヒーにミルクを入れるか否か。右利きか左利きかも自然に覚え、カトラリーの置きかたを変えています。中には細かくオーダーする人もいるそうで、「ドレッシング少なめ、キュウリなし、コーヒー熱々、パンは薄めに切ってよく焼き、などと一気におっしゃる方もいて、各項目を全部こなすゲームのようです（笑）」とは、なんと素敵な！

五十年の歳月が風格をもたらした椅子とテーブル。艶やかに光を反射するカウンター。鋲を打ちこんだ、凝ったしつらえの木の床。窓辺に鎮座する半熱風式の焙煎機。ビィオットは父の正能明《あきら》さんが一九七三年に下町の八丁堀で始めた自家焙煎珈琲店です。八五年に神田に移転し、二〇一〇年に真介さんがお店を受け継ぎました。

当初は大変だからと両親に反対されたそうですが、三年間父といっしょにお店を切り盛りした後、両親の引退を機に二代目店主となります。

コロナ禍で苦労した時期でも常連客の来店は絶えず、「あの方々が来てくれるからお店をやめられない」と、正能さんは静かな充足を感じているようでした。年長のかたのおひとりはご家族で紳士服の仕立て屋を営む男性。近くの神田紺屋町界隈は、江戸時代に染物屋が軒を連ねていたことから生地専門店が多かったのだと教わりました。

menu

ブレンド 2 種 各 500 円　紅茶各種 500 円～
ストレートコーヒー各種 550 円～
バナナジュース 650 円
モーニングセット（トースト＋ドリンク）650 円（～ 11:00）
サンドイッチ各種 500 円
ケーキ各種 350 円

カフェ ビィオット
千代田区神田美倉町 1 番地
Tel 03-3254-1154
7:00 ～ 19:00、土 10:00 ～ 17:00
日・祝休
HP：cafebiot.jp　※店内撮影 NG

26 サロン クリスティ
神田

海外ミステリとSFでおなじみの出版社、早川書房の本社ビルにあった喫茶室「サロン クリスティ」が二〇二三年にリニューアルオープンしました。

洗練された内装の店内は、ガラス張りのエントランスを入って奥へと進むにつれて読書や思索への没入度が高まるという粋な構成です。

入ってすぐは焼きたてのスコーンやパンが並ぶ長いカウンター。早川書房の書籍や公式グッズも販売しています。向かいには軽くひと息いれるのにぴったりのコーヒーテーブル席があり、その奥には書斎のように落ちついて打ち合わせや原稿執筆に集中できる半個室が並んでいます。ランプが並ぶ大テーブルの天板は、往年の推理小説シリーズの表紙のシンボルカラー、「ハヤカワブルー」と同じ色調にこだわっ

menu

クリスティブレンド 600円　ポットティ各種 650円〜
クラシックプリン 600円
ランチメニュー各種（ドリンク付き）1200円〜
イブニングティーセット 5000円（要電話予約）

たそう。

　アガサ・クリスティーなど推理小説の古典から最新の海外文学まで数々の名作を世に送りだしてきた早川書房は、一九四五年に東京の神田で創業した出版社。この喫茶室はかつて創業者の周囲に自然に社交の場が醸成されていったように、読む人、書く人、地域の人々が交流する神田の文化サロンをめざしてつくられました。

　昔ながらの喫茶店らしいサイフォンコーヒーや、生クリームと卵をたっぷり使ったプリンを味わいながら、私立探偵のハードボイルドな身ぶりに心臓を撃ち抜かれたい。ミステリファンにとって何よりも胸が躍るのは、古典的名作や新刊書とのコラボメニューの数々。味覚を通して愛する作品世界をより深く味わえるなんて、早川書房の喫茶室ならでは！

サロン クリスティ
千代田区神田多町 2-2　Tel 03-3258-3800
11:00 ～ 22:00（L.O.21:00 ／ランチ 11:00 ～ L.O. 14:00、パブタイム 17:00 ～）　土・日・祝休
Instagram：@salon_christie

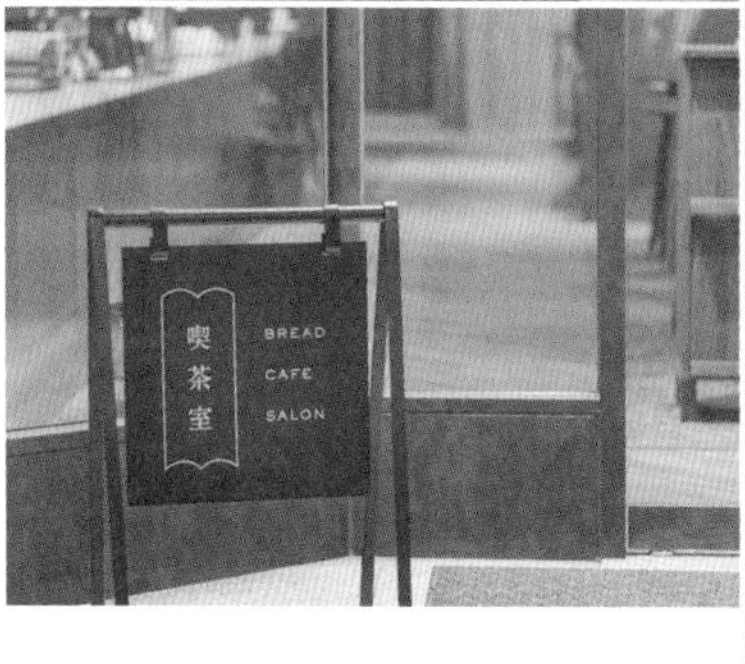

第3章

読書と憩いの空間 part 2

27

Coffee & Lunch つるや

都立家政

インテリア・名物メニュー・接客の三拍子そろった喫茶店として愛される「つるや」。小さな駅前の住宅街にある落ちついた空間には、遠方からも喫茶店好きや建築専攻の学生たちが足を運んでいます。

一九六九年、西武園ゆうえんちなどの設計で知られる建築家の池原義郎《いけはらよしろう》氏は、兄一家のためにつるやを設計しました。扉を開けると階段がゆったりと半地下へ続き、やわらかな光に満ちた喫茶空間へと導かれます。どこか北欧を思わせる洗練されたモダニズム空間には、決して合理主義、機能主義一辺倒ではない池原建築の魅力がちりばめられ、静かな詩情を湛《たた》えています。

全面ガラス張りの窓の直線と、美しいカーブを描く仕切り壁や天井の曲線のコントラストの妙。創業当時から使われている天童木工の椅子に腰かけると、ちょうど目の高さに庭の草木が見えて不思議な居心地のよさを感じます。わざわざ地面を掘り下げて半地下にしたおかげで、庭との一体感が生まれているのです。緑のなかに置かれた鶴のオブジェは、開店時に職人から贈られたものだそう。

この豊かな空間はご家族が代々、大切に受け継いできました。現在、母の菅沼幸子《すがぬまゆきこ》さんからバトンタッチして三代目店主として活躍しているのは渡部《わたなべ》みゆきさん。池原義郎はみゆきさんの大叔父にあたります。

「義郎おじちゃんは床のアップダウンと曲線が好きだったんです」と、二人は親族ならではの気安さで設計の魅力を語ってくれました。

床を張り替えた以外はみな開店当時のままだという店内は、古さを感じさせないばかりか、すみずみまで驚くほど清潔感に満ちています。「家族全員お掃除が大好きだから」と、みゆきさ

んはにっこりします。薄いベージュの椅子の座面も「薬品を使わず、いっしょうけんめい拭いているだけ」。そんな日々の積み重ねで、張り替えることなくこれほどきれいに使い続けられるのかと目を見はりました。

一度はぜひ味わいたい逸品といえば、変わらぬレシピで手づくりしている自家製デミグラスソースのオムライス。ふわりとしたタマゴの下から現れるのは定番のチキンライスではなくて、ほどよい薄味に仕上げたカニピラフです。タマネギやマッシュルームとカニ缶を二日間煮込んでベースをつくる、手間のかかった料理ですが、二三年夏までは、なんと八十代の幸子さんが毎日厨房に立って料理の腕をふるっていました。開業時にフレンチのシェフに教わって以来、手抜きをせずに「自分で自分を褒めながらやっています(笑)」。

ちなみにレシピを教えてくれたシェフは、当時小学生だったみゆきさんの同級生の父親で、開業時に指導をお願いしたのだといいます。

銀座育ちの幸子さんは、両親が銀座で営んでいた喫茶とバーのお店を手伝った経験があり、キレのいい口調で「銀座と住宅街ではお客さまの喫茶店での過ごしかたがまったく違う」と回想します。いっぽう、保育士として活躍してきたみゆきさんは、おだやかで優しい話しぶり。母娘で性格が違えば淹れるコーヒーの味も変わるそうで、同じ豆を使ってもなぜか幸子さんが淹れると力強い味わいに、みゆきさんが淹れるとマイルドに。

「家庭の心配ごとを引きずっているとコーヒーの味に出てしまうので、精いっぱいていねいに淹れるよう心がけています」とみゆきさんがほほえめば、幸子さんは「親子で喫茶店をしてるなんていいわね、とよく言われますが、もちろんケンカもしますよ。でもお互いに次の日になると忘れちゃうわね」と快活に笑っていました。

長く続けてこられた秘訣のひとつは、近年の営業時間の思いきった短さにあるようです。昭和時代には駅前にあった大手銀行の行員たちが応接間がわりに日参していましたが、銀行なきあとはランチタイムのみ営業して週休二日。二三年秋から午後休憩をはさんで夜の営業を始めたという、無理をしないのんびりペースです。

現在はみゆきさんの娘さんがご夫婦でつるやを継承して通し営業に。本当に希少な「親子四世代の喫茶店」の誕生です。幸福な喫茶店の土台には、あたたかな家族の協力がありました。

コーヒー&ランチ つるや
中野区鷺宮 1-27-2
Tel 03-3330-2170
11:00 〜 20:30（L.O.20:00）
日 11:00 〜 15:00
水・木休

menu
ブレンドコーヒー 500 円　紅茶 500 円
コーヒーフロート 700 円
手作りハンバーグ（ライス付き）1250 円
オムライス（サラダ付き）1300 円
ナポリタン 1200 円
コーヒーゼリー 600 円

28 珈琲ロン

四谷

四階建ての「ロン」の複雑な外観は、フランスパンと角食パンの融合を思わせます。円筒形のフランスパンにあたる部分は、ビルの外側の螺旋《らせん》階段。細長い敷地に開放感のある喫茶店を生みだすため、建築家は店内から柱を取りはらって、合計四か所の螺旋階段で建物を支えるよう設計したのです。

扉を開け、唯一無二の完成された世界に息をのみました。コンクリートの硬質な外観から一転、内部は質感の豊かな煉瓦の壁や、特注の木煉瓦を敷きつめた床があたたかでくつろいだ印象をもたらしており、その対比はフランスパンのパリパリの皮《クラスト》と、内側のふんわりしたクラムを思わせます。

高い吹き抜け。ひと続きに天井までのびるガラス扉と窓の静かな光。店内の奥にはもうひとつの螺旋階段が二階の客席へと通じており、階段じたいに

施された丹念な仕事の数々にも視線がひきつけられます。

一九五四年、最初のロンは現在の店舗から新宿通りをはさんだ向かいで創業しました。内装はモダニズムから現代建築まで手がけた名建築家、高橋靗一《たかはしていいち》氏が担当。店名は建設時に小さな芝生《しばふ》を庭に植えたことに由来します。

その二号店として六九年に開店した現在のロンは、高橋靗一氏の弟子にあたる池田勝也《いけだかつや》氏の設計です。二代目店主の小倉洋明《おぐらひろあき》さんが「先代の父は建築家の大胆な意向をそのまま受けいれたんです。細かな工夫もあり、広さを出すために一階の天井は奥に向かって勾配をつけてるんですよ。当時はこの建物の三、四階が自宅で、三世帯で住んでいました」と話してくれました。

ロンはその後の消防法の改正や職人や材料の不足によって、二度と建てら

れない貴重な名建築と化しており、小倉さんはこの「修理のきかないお店」の補修に苦心を重ねてきました。

「椅子の張りかえも三度しています。当時、親父といっしょに色見本を見ながら、元の椅子と同じ茶色の革を注文したんですが、届いたらワインレッドでびっくり（笑）」

　いまではその色調が全体とよく調和して、スタイリッシュな印象をもたらしています。壁に埋めこまれたモノラルスピーカーは現役でビートルズを鳴らしており、いわば四人が活躍していた時代の音響で聞こえているかのよう。

「椅子の横の壁が黒くなってるでしょ、あれはお客さんの頭の跡です。煙草の煙で燻《いぶ》された天井や壁も、いくら拭いてもきれいにならず、まだらになってしまう。かといってそこだけ新しく取り替えては違和感がある。建築家の先生に相談したら『もう無理に触っちゃ駄目』と言われました」

　ともにお店に立つ娘の藤井真智子《ふじいまちこ》さんは、「五十年のあいだに蓄積されて落ちない汚れを、汚れと言ってしまえばそれまでですが、それが味になり、歴史に思いをはせるものになれば」と、次世代を担う視線で語ります。

　家族が一年じゅう朝から晩まで立ち働くのを見て育った藤井さんは、じつは「喫茶店業は絶対に継がない」と思っていたそう。

「祖母は六十歳を過ぎてもスーツを着てヒールを履いてお店に立っていました。私には真似できないと思う」

　継承を決意したのは、喫茶店全盛の時代に八キロのやかんを扱いつづけた小倉さんの肘が、作業時に痛みを伴うようになり、「来年はやめる」が口癖になりつつあったから。お店の価値と歴史、現在の立ち位置を正しく理解している人にバトンが渡るのは、なんと心強いことでしょう。

まだ携帯電話がなかった時代、四谷の街は複数のテレビ局や大企業に囲まれており、通りを多数の会社員が行き来していました。ロンは彼らの電話ボックスや会議室、町内SNSの役割を果たしていました。昔日の常連客のなかには、作家の井上ひさし氏の姿も。「当時いたアルバイトの子が本を持ってきて先生にサインをお願いしたら、『名前を書いたってつまらないよね』と少し考えて、序文に一行をさらさらっと書き加えた。それでその本が世界に一冊だけの本になったんです」

粋な逸話を残した井上氏は、タマゴサンドとミルクセーキがお気に入りだったそう。注文を受けるつどバターをたっぷり使ってタマゴを焼き、きめ細かなパンにはさむシンプルな一品ですが、ほのかに温かい作りたてが本当においしい。小倉さんが「子どものころから店を手伝い、私なりに六十年研究してこの味になった」と胸を張れば、藤井さんは「私はタマゴ焼きのなかにバターを混ぜこみます。お客さまには気づかれない程度ですが、バイトの人に言わせると、マスターのタマゴサンドと私のタマゴサンドは顔が違うって」と、それぞれの流儀がありました。

都市生活の必需品としての喫茶店がスマホへと変わった現在、「今後はチェーン店の時代」と、商店会長として活躍する小倉さんは悲観的な見通しを語ります。されど個人経営の喫茶店は若い人々にとって、わざわざ訪れたい目的地に変化している、と藤井さん。この二人も、クラストとクラムのような名コンビなのです。

menu

ブレンドコーヒー 750 円
紅茶 750 円
ミルクセーキ 850 円
クリームソーダ 850 円
ハムトースト 450 円
タマゴサンド 850 円

コーヒーロン
新宿区四谷 1-2
Tel 03-3341-1091
11:00 〜 18:00
土・日・祝休（第 3 土・日は営業）
Instagram：@coffee_lawn

29

コーヒーハウスマックス

西新宿

真夏、街路樹の百日紅《さるすべり》の花が青空に花火を打ち上げているような西新宿五丁目界隈。熊野神社にちなんで名づけられた十二社《じゅうにそう》通りで、なんとも魅力的な佇まいの喫茶店に出会いました。一九七三年にオープンした「マックス」です。

L字型に奥へとのびる空間は琥珀色。造作の飾り棚が美しい。腕の立つ大工さんが釘を一本も使わず精魂込めてつくったという椅子たちが、いまだガタつくこともなくお客さまを迎えています。

お店を営むのは長野県出身の八十代のご夫婦、宮前宗平《みやまえそうへい》さんと永子《えいこ》さん。カウンターでサイフォンコーヒーを点てたりトーストをつくったりするのが宗平さん、ホール担当が永子さんです。動くのが少しつらそうな永子さんを気遣って、心優しい常連客が自分でコーヒーを取りに行ったり下げたりする素敵な光景をみかけました。

「長野で就職し、東京の支社で長年働いてきたんだけど、自分で喫茶店をやりたいなと思ってね。西新宿なんて全然知らない街だったけど、遠くから車で来てさっとコーヒーを飲める店があったらいいと思って始めたら、それが成功したの」

最初の十五年間は年に一度、煙草の汚れを落とすために二日間休業し、当時たくさん抱えていたアルバイトの若い人も総出で白壁をきれいに拭きあげていましたが、来店した映画会社のカメラマンに「ヤニのついた壁が最高だ、塗料を塗っては出ない色だ」と絶賛されてやめたそう。

「店を続けてこられたのは女房のおかげ」と妻をいたわる宗平さんに、永子さんが美しい笑顔を向けていました。

＊閉店しました

menu

MAX ブレンド 450 円
紅茶 520 円
珈琲フロート 650 円
生レモンスカッシュ 600 円
モーニングセット ドリンク代＋ 400 円（～ 11:30）
ピザトースト 650 円
クロックムッシュ 650 円

コーヒーハウス マックス
新宿区西新宿 5-6-4
Tel 03-3373-9277
8:00 ～ 17:00
無休

30

但馬屋珈琲店

新宿

新宿駅西口、小ガード横に続く迷路のような狭い路地に、朝から英語や仏語の会話が聞こえています。思い出横丁は終戦後の闇市の面影が漂う飲食店街として、コロナ禍以降は欧米からの観光客にも人気なのです。

物見遊山の人がそぞろ歩く横丁の入口に、「但馬屋珈琲店」は街と人を見守りつづける門番のように佇んでいます。緊急事態宣言下で店々が軒並み休業して路地が薄暗くなり、横丁の治安の悪化が懸念されたとき、但馬屋珈琲店に灯りがともっているのを見ると安心して歩くことができた、と女性客。まさに頼れる門番です。

一九五九年に洋品店としてスタートし、六四年に純喫茶「エデン」に転身、八七年に但馬屋珈琲店となって現在の大正ロマンの香り高い空間が完成しました。ベイマツ材のカウンターを照らすさまざまなシェードは、二代目の倉《くら》田《た》雄一《ゆういち》さんが趣味で集めた骨董品。焙煎室のある二階にも美しいシェードが並びます。

前回の取材では雄一さんに歴史をうかがいましたが、今回お話を聞かせてくださったのは三代目を継承した倉田光敏《みつとし》さん。経営理念は「一期一会です。週に六日来てくださる常連客にとっても初めての人にとっても、この瞬間は一度きりですから、心をこめておもてなししたいと考えています」

自家焙煎の豆を粗挽きにしてネルドリップするコーヒーは、ほろ苦さの中に甘みがのぞく重厚な味わい。信玄餅にインスパイアされた「珈琲ぜんざい」は、自慢のコーヒーでゼリーをつくり、あんこときなこ、生クリームと自家製黒糖シロップを添えた、和洋折衷のおいしさです。

menu

特選オリジナルブレンド 830円
ストレートコーヒー各種 830円～
紅茶各種 880円　ウインナ紅茶 930円
あずきのホイップトースト 670円
珈琲ぜんざい 930円
ケーキセット各種 1400円～

たじまやコーヒーてん
新宿区西新宿 1-2-6
Tel 03-3342-0881
10:00 ～ 23:00（L.O.22:30）、2Fは 12:00 ～
無休
HP：tajimaya-coffeeten.com

31

自家焙煎珈琲 凡

新宿

新宿駅東口至近のビルの地階にお店を構える「凡」は、千五百客もの素晴らしいコーヒー碗のコレクションを揃えた、高級感漂う自家焙煎珈琲店。源右衛門窯の逸品からマイセンなどヨーロッパの名窯まで、今日はどんなカップを眺めて憩いの時間を過ごせるのだろうかと、階段を下りながら心はちょっと華やいでいます。

ほの暗い空間を貫く十三メートルもの長いカウンターと、二つの大テーブル。ひとりならカウンター席へどうぞ。自家焙煎したての新鮮なコーヒーはポットでたっぷり二杯分、小さなカードを添えて供されます。そこに書かれているのはカップのプロファイル。簡潔な紹介の言葉が、初対面のカップとの距離をすっと縮めてくれます。

店名は一九八五年の創業当時、喫茶店に多かったボンという名前が、店主

menu

ぶれんど 1400円　みるくこーひー 1400円
でみたす 2300円　珈琲のふるこーす 5000円
紅茶各種 1400円〜　柚子茶 1400円
大人のショートケーキ 1700円　がとーしょこら 900円

の平勝哉《たいらかつや》さんの苗字を加えると「平凡」になるというお遊び。そんな非凡な洒落っ気が、英国スパイ映画さながらの仕掛けを施した洗面所にも、平さんと常連客のあいだで交わされる会話にも漂っています。

イギリスで二年ほど暮らした経験をもつ平さん。下宿の主人がアフタヌーンティーに招待してくれた逸話、マイセンと古伊万里の関係など、豊富な話題をうかがうのは楽しく、同時に時代の儚《はかな》さに思いを馳せずにはいられません。お店の入口の壁に貼られた「百年ほど前のカップを中心に集めています。自分の祖母や祖父が元気な頃のカップです」という言葉を思いだしながら、大英帝国の時代や、かつて日本が希望に燃えていた懐かしい時代を、美しいコーヒー碗のなかに浮かべて追想してみるのです。

じかばいせんコーヒー ぼん
新宿区新宿 3-23-1　B1F
Tel 03-3341-0179
12:30 ～ 22:00、日・祝 12:30 ～ 21:00
無休

32

カフェトロワ・シャンブル

下北沢

大規模な再開発によって変貌する下北沢の街で、四〇年以上変わらぬ姿で親しまれてきた「トロワシャンブル」。階段をのぼった先にひろがる暖色の空間は、この街の劇場やライブハウスに出入りする有名無名の俳優やミュージシャンの憩いと霊感の場であり、いつかは自分も、と願う若い人々の夢と無《ぶ》聊《りょう》の場でもありました。

漆喰の壁には、歳月と煙草の煙が飴色の濃淡を加えています。飾り棚にロイヤルコペンハーゲンの優美なカップが並ぶカウンター席、大テーブル、通りを見下ろす窓辺の小部屋。いずれも居心地のいい空間です。

店主の松崎寛《まつざきひろし》さんは神保町のトロワバグで三年間修業し、一九八〇年にこの喫茶店を開きました。「三つの部屋」を意味する店名は、当時のトロワバグのオーナーの命名でした。

この空間でぜひ味わってほしい基本のスタイルは、コクテール堂のニレブレンドと、トルテことベイクドチーズケーキの組み合わせ。深煎りのニレブレンドのすっきりした苦みと甘みが、香ばしいチーズケーキの風味と溶けあいます。

長さ六メートル十五センチのカウンターをはじめ、飾り棚や床、テーブルにいたるまで一本の大きなベイマツの木からつくられており、いまだに反りや狂いがまったく生じないのは、松崎さんの同級生だった埼玉県の材木屋さんが「いつかお店を持つなら」と、一本を確保してしっかり乾燥させておいたおかげだそう。

時代に流されずにつづける秘訣は「変えるのが面倒なだけ」と微苦笑する松崎さんですが、淡々とネルドリップする姿に静かな意志を感じました。

menu

ニレ・ブレンド 600 円
カゼ・ブレンド 600 円
ストレートコーヒー各種 750 円〜
オ・レ・グラッセ 650 円
ロイヤルミルクティー 700 円
ブレンドコーヒー＋チーズケーキ 950 円

カフェトロワ シャンブル
世田谷区代沢 5-36-14 湯浅ビル 2F
Tel 03-3419-6943
9:30 〜 20:00
無休

33 いーはとーぼ 下北沢

コーヒーを介して音楽・言葉・アートの送受信がおこなわれる場所、すなわち喫茶店カルチャーの濃密な発信地である「いーはとーぼ」。十三年前、店主の今沢裕《いまざわゆたか》さんは次のような至言を聞かせてくれました。

「はぐれてる奴には喫茶店が必要なんだよ。たとえ一日に三十分でも、座って自分をまとめる場所が」

街を彷徨うすべての喫茶店好きの魂をノックするような言葉です。そのために毎日遅くまでお店を開けていたのですが、コロナ禍を機に営業時間を短縮。今沢さんに近況を訊ねると、煙草を一服して「六時間以上お店に出るのは、もうくたびれちゃうんだよね」

一九四九年生まれ、七十代。ジャズ批評誌やレコード店勤務を経て、七七年に自身が気に入ったレコードや本を集めていーはとーぼを開店。音響を考慮して天井板の上に四十五センチの空間を設けたため、いーはとーぼという箱全体が心地よく鳴っています。

「健康状態は元から悪いから、もうどうでもいいですね。コーヒーと音楽があれば。それは昔から変わらない」

喫茶店の役割は「社会の保健室」だと今沢さんは語ります。

「日常は動いていて、授業はおこなわれてる。でも飽きたなとか、ちょっと休みたいんだよっていうときは保健室に行けばいい。ベッドに少し横になってさ。俺が行きたいんだよ、そういう場所に」

街に必要な保健室としての喫茶店は、仮病にも寛容です。ここへ逃げこんだら、今沢さんが独自に考案したレシピでつくるジンジャーエールをぜひ。ショウガの香りがフレッシュで、長年のファンが多いのです。

menu

ブレンドコーヒー 600円　紅茶 600円
ホット・チョコレート 650円
ジンジャーエール 700円
バナナジュース 650円
ビール 650円　純米酒 650円
チョコレートケーキ 300円 / セット 800円

いーはとーぼ
世田谷区北沢 2-34-9 第一トキワビル 2F
Tel 03-3466-1815
12:00 〜 19:00、土・日・祝 12:00 〜 20:00
無休
HP：ihatobo.exblog.jp

いーはとーぼ
いーはとーぼ

34

邪宗門

世田谷代田

menu

オリジナルブレンド 550円　ウインナーコーヒー 750円
邪宗門トマトジュース 600円　森茉莉ティー 650円
ハニートースト 530円
レアチーズケーキ 500円　あんみつコーヒー 800円

扉を開けると骨董のランプや柱時計、火縄銃で埋め尽くされた古色蒼然たる空気に包まれ、嬉しさに頬がゆるみました。注文するのはブレンドと、名物のあんみつコーヒー。あんみつの上に、蜜のかわりに深煎りの濃厚なコーヒーをとろりと垂らして楽しむスイーツです。

世田谷の住宅街に佇む「邪宗門」の主人は、もうじき九十歳に手が届く作《さく》道明《みちあきら》さん。開業のきっかけとなったのはかつて国立にあった邪宗門で、〝門主〟の名和孝年さんの鮮やかな手品に魅了されたことでした。常連客となって手品とコーヒーの手ほどきを受けた作道さんは、一九六五年に自宅を改装し、国立邪宗門の暖簾分けというかたちで開店。同じようにして開業した邪宗門は、最多の時期には全国に七店を数えました。

じゃしゅうもん
世田谷区代田 1-31-1　Tel 03-3410-7858
9:00 ～ 17:00、土・日 9:00 ～ 18:00　※夕方の来店は事前に電話確認がおすすめ
水・木休
HP：jashumon-setagaya.la.coocan.jp

気さくで優しい作道さんにお願いすると、「最近はやっていないんです」と言いながらもトランプのマジックを披露してくれました。

常連客のひとりに森鷗外の娘である作家・森茉莉がいたことはよく知られています。「森茉莉ティー」と呼ばれる紅茶は、そんな彼女が作道さんに淹れ方をこまかく指南した一品。

「当時の喫茶店の紅茶といったら適当にティーバッグでお湯に色をつけたようなものでしたが、森さんは『日本茶はどうやって淹れますか？　急須を使うでしょう。その急須も温めておくでしょう？　紅茶も同じ方法でお願い』と。茶葉も森さんご指定のプリンス・オブ・ウェールズに変更しました」

森茉莉が愛した窓辺の席は、壁の煉瓦もそのままに、いまも静かに彼女の訪れを待っているようです。

35

カファブンナ

六本木

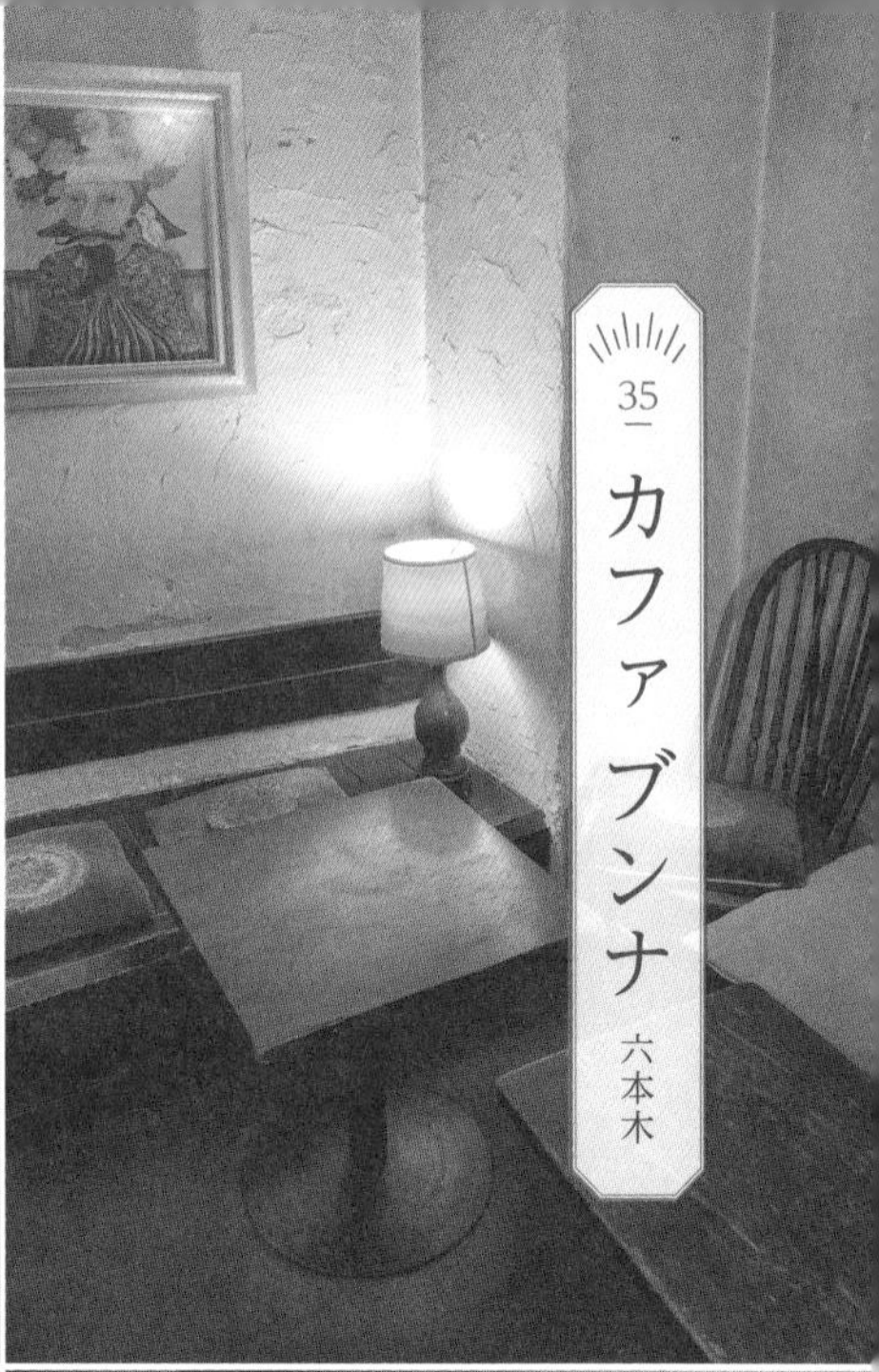

ポットが薄く湯気をあげる店内を、音楽が湖岸に寄せる波のように満たしています。六本木の路地裏に「寛げる雰囲気と珈琲と音楽」を掲げる「カファブンナ」は、一九七二年に創業して半世紀を超えました。

　ブンナが喫茶店史上の記念碑的な一軒でもあるのは、のちに多くの模倣者を生む松樹新平が手がけたインテリアと、コクテール堂のフレンチローストを使ったコーヒーの組み合わせが生まれたお店だから。

　ヨーロッパの避暑地をイメージした店内は漆喰《しっくい》の壁と太い梁に守られ、ランプの光を映す長いカウンター、半個室のように仕切られて落ちつけるベンチシート、明るい窓辺のテーブルなど、変化に富んだ空間構成です。

　夏の日盛りを歩いてきた私は、カウンターに立つ店主の能勢《のせ》顯男《あきお》さんに、ひんやりと冷たく美しい一杯「琥珀の女王」をお願いしました。

　一九三六年生まれ、米寿を迎えた能勢さんは青年時代から音楽を愛し、お店で定期的に「懐かしい映画音楽の会」を催してきました。「アメリカの二十世紀前半のポピュラーミュージックが得意ですね。しかも、歌えます（笑）」

「ガーシュインの時代ですか？」と訊ねたら、即座に「そう、ガーシュインは一八九八年生まれ」と返ってきました。敬愛するのはコール・ポーターやリチャード・ロジャースなど古き良き時代の作曲家たち。素晴らしい喉の持ち主、ヴィック・ダモンの歌声を聴かせてもらいました。

　店名はコーヒーの木の原産地とされるエチオピアの地方の名「カファ」と、現地の言葉でコーヒー豆を意味する「ブンナ」の組み合わせです。

menu

ブレンド3種 各800円（おかわり400円）
ストレートコーヒー各種1100円〜
ウィンナコーヒー1000円
アイリッシュコーヒー1600円
琥珀の女王1100円
紅茶900円　ココア1100円

カファ ブンナ
港区六本木7-17-20 明泉ビル2F
Tel 03-3405-1937
12:30 〜 19:00
水＋不定休

36

カフェ アンセーニュダングル 原宿店

原宿

フランス語で「角の看板」を意味する喫茶店が隠れているのは、明治神宮の森にほど近い路地の角。ビルの外壁に掲げられた赤いポットをみつけたら地階への階段を降りましょう。

一九七五年、オーナーの林義国《はやしよしくに》さんがデザイナーの松樹新平さんとともにつくりあげた空間はフランスの片田舎の一軒家風。アンティーク家具の並ぶ店内は漆喰の壁や柱を巧みに利用してゆるやかに仕切られ、他のテーブルと視線が交差しない心地よいスペースがつくられています。

メニューの主役は、コクテール堂のオールドビーンズを丹念にネルドリップするコーヒー。物思いの伴奏をしてくれるような深煎り《フレンチロースト》ならではの苦みと豊かなコクが魅力です。当時の日本で流行していた軽いアメリカンコーヒーとは対極的な味わい、そして明確な世界観をもった重厚な空間づくりは、続いて開店した多くの喫茶店のお手本的存在となりました。

甘く冷たいコーヒーに生クリームを浮かべた逸品「琥珀の女王」は鮮度を大切にして注文を受けてからつくるため、カウンター席に座れば店長の新名《しんめ》さんが氷の上でシェーカーを回転させてコーヒーを急冷する様子を眺めることができます。

「林さんはエントランスの清潔感をはじめとして細部まで目配りを怠らず、スタッフには正統派《オーセンティック》バーのバーテンダーのような立ち居ふるまいを求めます」と新名さん。その凛とした姿勢に感応する人々は、お店の空気感を大事にしながら自分の時間を過ごすのです。毎週ローズギャラリーから届く十四本の薔薇は、この珈琲店のすっとのびた背筋の象徴のようです。

menu

ブレンドコーヒー 680円
ストレートコーヒー各種 850円～
ミルクティ 750円
琥珀の女王 950円
クロックムッシュ 800円
ガトー・フロマージュ（自家製チーズケーキ）570円

カフェ アンセーニュダングル はらじゅくてん
渋谷区千駄ヶ谷 3-61-11　B1F
Tel 03-3405-4482
10:00 ～ 21:00
無休

カフェ
アンセーニュ
ダングル

37

CAFÉ TOUJOURS DÉBUTER 五反田

山手線の電車の窓から見える線路沿いの小さな赤い日よけは、心を潤してくれる貴重な隠れ家の目印。階段を降りれば一瞬とまどうほどの幽玄な暗がりと、どことなく書斎めいた温度と湿度をもつ空間が迎えてくれます。

不思議なほど落ちつくと多くの人が口にするのは、「この暗さと間接照明のおかげでしょう」と店主の秋山和広《あきやまかずひろ》さんは語ります。

秋山さんは空間デザイナー・松樹新平がつくるフレンチスタイルの喫茶店に惹かれてカウンターに通いつめ、ネルドリップの技術を独習して一九八六年に喫茶店を開きました。

この日いただいた冷たいオレグラッセは、コクテール堂の深煎り豆を十時間かけて一滴ずつ抽出する水だしコーヒーと、乳脂肪分の多い高品質のミルクがうみだすエレガントな味わい。店

menu

ブレンド 650円　カフェオレ 700円
オレグラッセ 750円　ブランエノワール 1000円
ミルクティ 850円　フレッシュジュース 900円
レアチーズ 500円　クロックムッシュ 900円

名には「いつもおいしい一杯を」という理想と、自分にとってデビューのお店という思いがこめられています。

秋山さんが敬愛する俳優の高倉健氏はお店の常連客のひとりでした。

「開業当初から、いつか健さんが階段を降りてきて扉を開けてくださる場面をイメージしていたんです」

四年後にそれが現実になりました。つねに礼節を重んじるお人柄だったそうで、「三人で来店して全員クロックムッシュを注文なさったことがあった。最初につくった一皿を温かいうちにと思ってまず健さんにお出ししたら、みんなの分が揃うまで召しあがらなかったんです。それ以降は必ず同時にお出しするようにしました」

そんなさりげない心づかいも、寡黙な名優がこの空間を愛した理由のひとつだったのでしょう。

カフェ トゥジュール デビュテ
品川区東五反田 5-27-12 扇寿ビル B1F
Tel 03-3449-5491
12:00 〜 20:00、第 2・4 土 12:00 〜 17:00
第 1・3・5 土・日・祝休

38

珈琲亭ルアン

大森

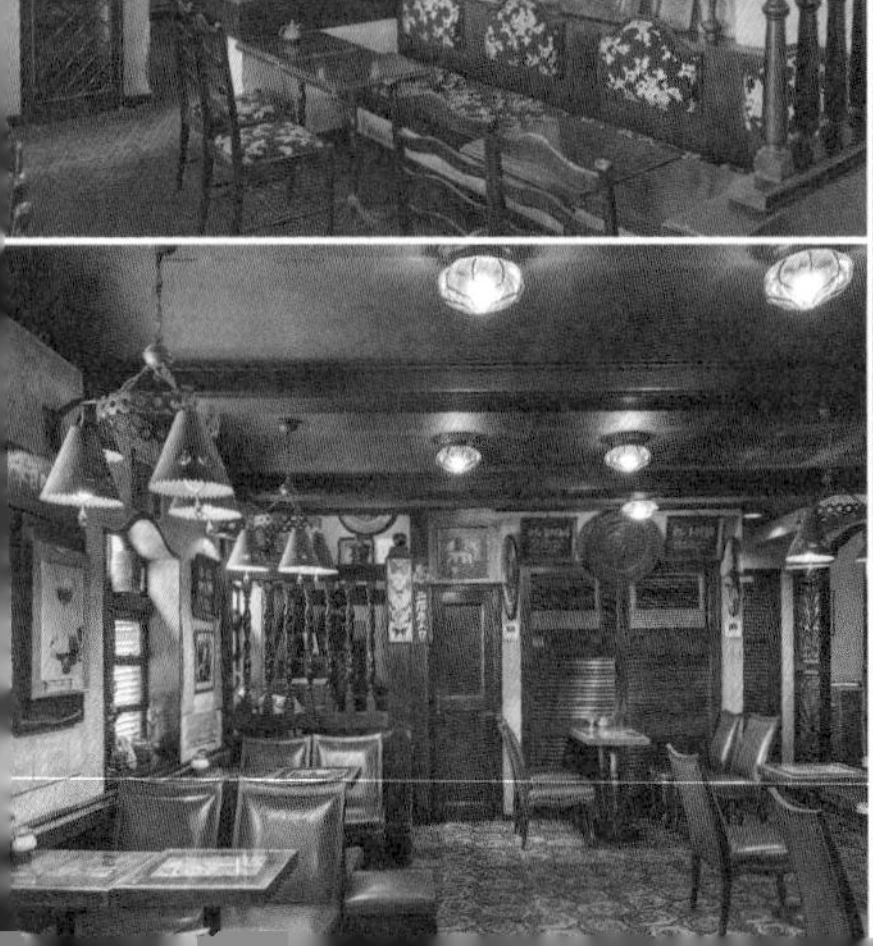

大森を代表する純正喫茶店といえば「ルアン」。昭和ヨーロピアンと命名したいクラシックな内装は、ワイン色の布張りソファが並ぶ二階がとりわけ優雅な雰囲気。サイフォンコーヒーの豊富なアレンジと、淹れたてを客席で注ぐ演出が心をとらえます。

　前回の取材で「一九七一年の開店当初はこんなインテリアは珍しくなかったんですけどね」と笑っておられた店主の宮沢正人《みやざわまさと》さんは、その三年後に突然お店で倒れて心疾患のため急逝し、二十年近く正人さんとともにお店を切り盛りしてきた息子の宮沢孝昌《たかまさ》さんが二代目を継承しました。

「親父はそれまで元気でバリバリ働いていたんですよ。聞いておけばよかったと思うことがたくさんあります」と孝昌さん。二回目の東京オリンピックを前に店内禁煙を決断すると、常連客の顔ぶれが大きく変化。街の匂いも変わりつづけています。

「昔の大森には映画館が四軒もあったし、大井競馬場が人気だったので朝はレースの予習、夕方は反省会をうちの店でする人々もよく見かけました」

　現在はドラマや雑誌に登場するルアンの姿にひとめ惚れして、遠くから来店する人々が激増しています。

　評判のモーニングは銀色のトレイにトースト、バターとジャム、ゆでたまご塩、飲みもののカップがぴったりと配置された見目麗しいセット。もはや入手困難になった専用容器を愛でながら、「コーヒーにはザラメを入れてかきまぜずに飲むと、時間とともに溶けて甘く変わるのが楽しめますよ。昔の喫茶店はそんなふうに飲みかたを教えたりもしたものです」という先代の言葉を懐かしく思いだしました。

menu

ブレンドコーヒー 500円
紅茶各種 550円〜
ウィンナーコーヒー 550円
ホット・モカ・ジャバ 600円
モーニングサービス ドリンク代＋ 100円（〜 13:00）
ケーキ各種 470円

コーヒーてい ルアン
大田区大森北 1-36-2
Tel 03-3761-6077
7:00 〜 19:00、土・日・祝 7:30 〜 18:00
水・木休

39

カフェムジカ

青物横丁

京浜急行線青物横丁駅。駅舎を出てすぐに喫茶店の「おかえり」というような外観が見えるのは、街の人にとってなんと心やすまる風景でしょう。昭和から令和へと移る半世紀のあいだに線路が高架化されて踏切が消えても、ショーウィンドウにメニューのサンプルが輝く「カフェムジカ」には、ゆるやかな憩いの時間が流れています。

奥へと広がる店内。最初に魅了されたのは黒褐色の低いカウンター席の佇まいでした。ムジカが移転開業した時代にはコーヒー専門店が流行しており、当時よく見かけたインテリアなんです、と二代目店主の村上泰範《むらかみやすのり》さん。

「創業者は亡くなった親父。一九六〇年代に川崎で開業し、道路拡張のため八〇年に青物横丁に移転しました」

スペイン語で音楽を意味する店名は、先代がクラシック好きでバイオリン演奏を嗜《たしな》んだことに由来するそう。

コーヒーはトーアコーヒーの豆を使い、サイフォンで「フラスコの底を火がなめる程度の強火と、湯音と時間を正確に」という先代の教えを守って抽出。ストロング珈琲にはネルを用います。メニューを開いてコーヒー専門店ならではのバリエーションの豊富さに感嘆しつつ、気になるオーストラリアコーヒーをお願いしました。シェイカーを振って卵黄とラム酒、コーヒー、氷を混ぜ合わせる、きりっと冷えてほの甘いコクのある一杯です。

地元民が愛するのは三種類の充実したモーニングと、ホワイトソースを手作りするグラタンやドリアのセット。このおいしさが支持されているのだな、と納得するとともに、喫煙ブースの設置や各種決済方法が可能という先進性にも驚かされました。

menu

ブレンド珈琲各種 450 円～　紅茶各種 530 円～
スペシャルティコーヒー各種（お訊ねください）
オーストラリアコーヒー 580 円（数量限定）
モーニング各種 ドリンク代＋ 100 円～（～ 11:00）
グラタンセット（サラダ・ミニドッグ・ドリンク付）950 円
チョコレートパフェ 1000 円

カフェムジカ
品川区南品川 2-4-1
Tel 03-3474-7213
7:30 ～ 20:00、土 8:00 ～ 17:00、
日・祝 11:00 ～ 17:00
祝＋不定休
HP：cafe-musica.jp

BRAZIL
COFFEE

非常口
BLUE MOUNTAIN
KILIMANJARO

40

珈琲家族

恵比寿

menu

コーヒー各種 540 円〜
ウインナーコーヒー 650 円　クリームソーダ 700 円
A セット（オープンサンド、ミニサラダ）ドリンク代＋ 100 円
鶏サンドイッチ 500 円　家族の白玉 600 円

小さなビルの地階にある胡桃色の空間「珈琲家族」は、恵比寿を行き来する喫茶店好きには憩いの場所としておなじみ、されどご近所の住人には「いままで気がつかなかった」と言われたりする居心地のいい喫茶店。一九七五年の創業以来、マスター亡き後も家族の愛情がお店を支えています。

創業当時のままの美しい木の椅子が並ぶ空間に、ほぼ満席のお客さま。カウンターに並ぶ古いサイフォン器具が亡き主人の面影をしのばせます。

マスターは七十年代に多くの新進クリエイターが集った原宿セントラルアパート一階の伝説の喫茶店「レオン」に魅了され、そこでアルバイトをして点てかたを習得しました。共に長くお店に立ってきた妻の田中《たなか》眞由美《まゆみ》さんと、年齢を重ねた眞由美さんを気遣って手伝いはじめた娘の京子《きょうこ》さんが、マ

コーヒーかぞく
渋谷区恵比寿南 1-2-8 雨宮ビル B1F
Tel 03-3710-8124
7:00 〜 18:00
日＋不定休

スターと同じ手つきで心をこめてサイフォンコーヒーを点てています。

驚きの名物は、飲みものに百円プラスで提供されるオープントーストとミニサラダ。元はモーニングとしてコーヒーに無料で添えていましたが、マスターが「小腹の空いた人がいれば一日中でもお出ししたい」と考え、時間帯を問わないサービスに。常連客の「支払いたい」の声に、わずかばかりの代金を設定するようになりました。

「主人はマイペースで意見を曲げない人でしたよ」と、マスク越しにも温かな笑顔が伝わってくる眞由美さん。

「私自身も外出すればほっこりできる場所がほしくなります。この空間を変えずに続けていけたら」と語りつつ、一服を終えて仕事に戻るビジネスマンに「いってらっしゃい」と声をかけていました。

41

カフェレストラン

泥人形

千駄ヶ谷

およそ飲食店らしからぬ摩訶不思議な店名が気になって吸い込まれるように地下への階段を下りていくと、思いがけず広々として籠城《ろうじょう》するにも快適な空間が待っていました。

煉瓦の壁。天井の一角に嵌《は》めこまれた美しい色ガラス。サイフォンが並ぶ重厚なカウンター。背もたれに天秤座の新ボールマークをあしらった鶯《うぐいす》色の布張りの椅子。太陽や星の形をちりばめた銅製ランプが壁に投げかける淡い光の模様。視覚に限ればヨーロッパの古城の地下に紛れこんだような幻想を楽しむこともできますが、耳はお客さまの日常のおしゃべりをとらえます。そんなギャップもまた喫茶店の醍醐味だと思えるのです。

開店は一九八〇年のこと。お話し好きのマダムに店名の由来をうかがいました。「壁の煉瓦の素材は〝泥〟、椅子のベルベットが中世のビスクドールの衣装を連想させるので〝人形〟、あわせて泥人形としました」

店主夫妻が腕をふるう料理が好評で、午前十一時から始まるランチタイムを目当てにお客さまが次々に階段をおりてきて、お昼過ぎにはほぼ満席状態。

人気メニューのひとつは、ソーセージやベーコン、シーフードの旨みを活かしたナポリタン。パスタもそれじたいの味にこだわって選んでいます。

日常の思うにまかせないことを忘れてゆったり過ごしたいと思ったら、昼食をとる人々が引いた後の時間帯にどうぞ。冬の寒風も夏の蒸し暑さもこの地下までは届かない……そんな安心感に包まれて、談笑するもよし、読書するもよし。

泥人形には一度訪れたらまた来たくなる魔法がかかっているのです。

menu

本日の日替わりランチ（11:00 〜店主の力つきるまで）1150 円〜
泥人形おすすめセットサービス各種
（11:00 〜珈琲 / 紅茶付き）1250 円〜
パスタ（ナポリタン・たらことイカ・
ベーコンとたまごなど）1100 円〜
ご飯物（オムライス・牛肉スタミナ焼き・
高菜ピラフなど）※味噌汁付き　1100 円〜
ソフトドリンク各種 600 円〜　本日のケーキ各種 650 円〜
アルコール各種 800 円〜

カフェレストラン どろにんぎょう
渋谷区千駄ヶ谷 4-20-2 B1F　Tel 03-3404-3646
10:00 〜 20:00　※営業時間はイベントに応じて変更あり
無休（日・祝は休の場合あり）　※多目的利用可（free Wi-Fi あり）

第4章

中央線・郊外の喫茶店

42

パペルブルグ

八王子

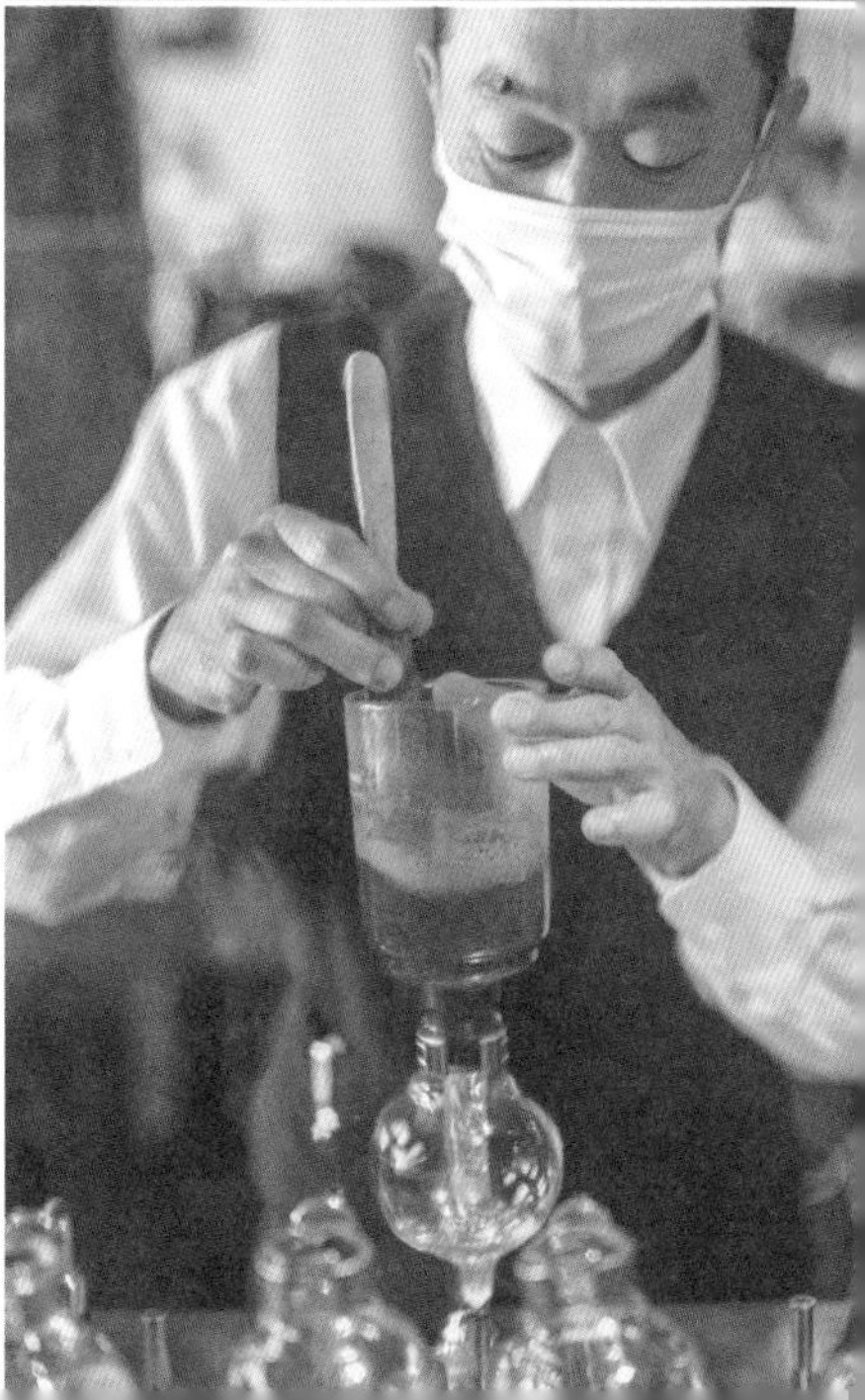

八王子の「パペルブルグ」は、訪れる人を豊穣な物語のなかに招き入れてくれる喫茶店です。お店の内外で幸福なシーンを体験できるのは、郊外の緑豊かな環境と、日本経済がまだ余裕のあった時代に店主が手間と時間を惜しまずにつくりあげた世界観のおかげでしょうか。御殿山のふもとの別世界へ、小さな喫茶旅行をしてみました。

国道十六号線沿いに森を背にしたパペルブルグの姿が見えてくると、読みたかった本の表紙を前にしたかのように胸が高鳴ります。パペルはドイツ語でポプラ、ブルグは城や館を意味します。ヨーロッパの古都を訪れているような錯覚を楽しませてくれる外観。尖塔をもつ建物の白い外壁にぐるりと描かれているのは、グリム童話をモティーフにしたフレスコ画。蔦に覆われたエントランスの上で、ホウキに乗った魔女と満月が来訪者に物語の始まりを告げています。

観音扉を開けて店内へ。天窓から淡く光が射しこんでいる天井の高さと、内部の壁にも見事なフレスコ画が続いていることに目をみはります。

一九九一年、〝館主〟こと青木さん

は一年半もの時間を費やしてこの建物を完成させました。

「いい雰囲気のなかでコーヒーをゆったり楽しんでいただきたい。フレスコ画のアイディアの原型となったのは、ドイツの旅で出会ったバイエルン州のオーバーアマガウという小さな古い村です。そこは家々が色とりどりのフレスコの壁画で飾られているんです」

壁画の制作は多摩美術大学でテキスタイルデザインを教える高橋正《たかはしただし》氏と助手たちが担当。三か月以上を費やして、白い漆喰の壁の上にグリム童話の一篇「命の水」の各場面が描きあげられました。

物語は王様の病を治すために「命の水」を探す三人の王子の旅に添って進み、外壁から内壁へと順を追って展開されて正面の吹き抜けでクライマックスの場面を迎えます。人物の衣装の緻密な柄や馬具の飾り、背景に描き込まれた植物のなんと美しいこと。

「命の水」とはパペルブルグにおいてはコーヒーであり、豊かな空間の魅力が溶けこんだコーヒーによって訪れる人の心に癒しを、という願いが壁画に重ねあわされているのです。

風格漂う長い梁や柱は、解体された農家二軒分の古材を再利用したもの。かつて新潟県で蔵の屋根に使われていたケヤキ材はテーブルへと姿を変え、アンティークの椅子とともにお客さまを迎えています。腰壁にはロンドンから取り寄せた古い煉瓦を用いるなど、本物の素材が光る喫茶建築です。

鹿の剥製《はくせい》。鈍く光る騎士の鎧。象牙の鍵盤が並ぶ年代物のスタインウェイ社製グランドピアノ。空間全体のイメージは、ロマンティック街道沿いの牧歌的な風景のなかに建つ、中世の騎士の居城なのだそうです。

夢のような世界を支えるのがコーヒーやスイーツのクオリティ。自家焙煎のジャーマンローストをサイフォンで点てるコーヒーは、苦みと酸味のバランスがとれた透明感のある味わい。高性能のエスプレッソマシンを導入し、ラテなどアレンジドリンクを豊富に揃えているのも魅力です。高品質なバニラを使ったプリンは「喫茶店のスイーツ」であることを重視して、コーヒーと相乗効果をもたらす味わいに。フレンチのデザートのような繊細なアラモードでどうぞ。

ミモザの花咲く季節、入口階段の上にはフラワーバケツにたっぷりのミモザの黄色い枝が活けられ、「ご自由にお持ち帰りください」のカードが添えられていました。これもまた、物語の一ページのような光景。

パペルブルグ
八王子市鑓水 530-1
Tel 0426-77-5511
10:00 〜 19:00
不定休
HP：pappelburg.com
Instagram：@pappelbrug

menu
ブルグブレンド 720 円
カフェ・ラッテ 750 円
紅茶各種 1200 円
プリン・アラモード 1600 円
御殿山チーズケーキ 880 円
季節のパフェ（休日限定）2500 円〜

43

さかこし珈琲店

中野

menu

ブレンド 650円〜　ストレートコーヒー 700円〜
紅茶 650円　ハーブティー各種 730円
抹茶ミルク 750円　100%フレッシュジュース 800円
トースト各種 430円〜　ケーキセット 1100円〜

しろたへの、という枕詞がもっぱら衣や袖にかかるように、サブカルの、といえば「聖地」を導き、「下北沢」や「中野ブロードウェイ」に着地するのがお決まりですが、中野ブロードウェイが一九六六年の開業当時は「東洋一のショッピングセンター」と謳われ、五階から十階までは著名人も入居する高級マンションだったことをご存じでしょうか。

二階にある「さかこし珈琲店」は七一年にオープン。初めてここでコーヒーをいただいたとき、ディープなカオスに涼をもたらす一輪の白い花を思いうかべました。初期の中野ブロードウェイはこういう雰囲気だったのかと想像させてくれる、親しみやすさのなかに品が漂う空間です。

自家焙煎のコーヒー豆を挽いて、一杯ずつネルでドリップするのは店主の

さかこしコーヒーてん
中野区中野 5-52-15 中野ブロードウェイ 2F
Tel 03-3388-3449
11:00 〜 18:30
水・木休

坂越《さかこし》朗恵《あきえ》さん。静岡県で生まれ育ち、二十歳のころ、コーヒー好きの兄に案内された静岡市内の有名珈琲店で初めてコーヒーのおいしさに心を動かされたといいます。

メニューは種類豊富なコーヒーと、おいしさに惚れこんで中野区内の「ソワメーム」から取りよせるモンブランなどのケーキ。コーヒーは静岡で飲食店を営む兄が焙煎しています。

「まんだらけさんは八〇年にうちの斜め前の小さなスペースで始まったんですよ」と坂越さん。長いあいだ中野ブロードウェイの変遷とともに歩んできたお店ですが、優しいおもてなしは変わりません。「ひとりでいらしたご年配のかたに『今日も暑いですね』と声をおかけすると会話が始まることがある。そんな何気ないコミュニケーションが喫茶店の良さだと思っています」

44

どんぐり舎

西荻窪

どんぐりのなかに小宇宙が完成している――そんな感慨に打たれる西荻窪の老舗喫茶店。自家焙煎する「ほろ苦ブレンド」のおいしさが根強い人気を支えています。マンデリンを中心に配合し、「ちょっとだけ苦い」味わいを理想として焙煎度合を微調整します。

もうひとつの人気メニュー、三、五センチの厚さのふっくらしたピザトーストにはタバスコと、ちょっと珍しいのですがお客さまの要望でとり入れたオレガノが添えられます。

どこか山小屋の香りがする空間は、初代マスターだった河野《かわの》哲郎《てつろう》さんがデザインを考えたもの。哲郎さん亡き後は弟の河野三郎さんがお店を継いでいます。

「最初は主に兄と母で切り盛りしていました。店内の絵や置物は父と兄が骨董市でみつけたり、自ら描いたりしたもの。一九七四年の開店当時から変わらないですね。ただ、耐震工事が始まるので外観は変わる予定です」と三郎さん。兄からバトンを受け取るまでは公務員として働き、どんぐり舎で朝食をとるのが日課だったとか。

カウンターの中で立ち働くのは三郎さんの実のお姉さんと義理のお姉さん。近くのテーブルに座り、家族ならではの気やすい言葉が飛びかう光景を見ていると、なんだか親族の行事のしたくをしている台所に紛れこんだような懐かしい感覚をおぼえたりして。

「父も九十歳で亡くなるまではときどきお店に出て、『どんぐり爺』なんて呼ばれて人気がありましたよ」と三郎さんは笑います。

店名の由来のひとつは「響きがシャングリラ＝理想郷に似ている」だなんて、素敵に意表を突かれました。

menu

ブレンド各種 550円〜
紅茶各種 580円〜
コーヒーフロート 770円
ピザトーストセット 960円
どんぐりクッキーセット（ドリンク付き）730円
ケーキセット（ドリンク付き）900円

どんぐりや
杉並区西荻北 3-30-1
Tel 03-3395-0399
10:00 〜 21:00
無休

45

物豆奇

西荻窪

大正浪漫の時代、夢野久作や江戸川乱歩の作中で人を幻惑する奇術師たちにマント姿で座っていてほしいのは、こんな夢幻空間です。時を止めた古い振り子時計。金糸雀《カナリア》色の窓ガラス。光よりも影を投げかけているように見えるランプの数々。

奥へと長い建物は、建築当時は四軒長屋で、時代が移るにつれ切り離されて一棟だけ残ったものだといいます。初代店主はかつて国立にあった名喫茶「邪宗門」に魅せられて常連客となった人物。一九七五年に自分のお店を開くにあたり、邪宗門の宗主と呼ばれる名和マスターの快諾を得て、邪宗門をモデルにした陰影深いインテリアをつくりあげたのです。

しかし、趣味と情熱を注ぎこんで贅沢な空間を完成させたらすっかり満足してしまうというのはよくある話で、すぐ二年後から山田広政さんが店主となり、無数の時計とランプの瞬く空間を受け継いで長くお店を維持してきました。

「古い店として忘れられていた時代もあれば、喫茶店が観光地のようになった時代もありますが、この店は何も変わりません。外の世界が変化していくだけです」と、淡々と語る山田さん。古材や煉瓦を用いた空間のほころびを繕《つくろ》い、外観を改修し、動きつづける幾つかの振り子時計のネジを巻きながら訪れる人のためにコーヒーを淹れています。家族三世代が同じ家で暮らし、一度は巣だった子どもが結婚して戻ってきてその家を引き継いで住む。そんなライフスタイルがまだかろうじて残っている街の喫茶店として、三世代にわたるお客さまを迎えることもあるのだそうです。

menu

コーヒー各種 450円～
紅茶各種 450円～
バナナジュース 450円
ソーダフロート 550円
トースト各種 280円～
本日のケーキ 350円

ものずき
杉並区西荻北 3-12-10
Tel 03- 3395-9569
11:30 ～ 20:00
不定休

46

ウッドストック

吉祥寺

　遮熱《しゃねつ》効果の高い日傘をさしていても背中を汗がつたう梅雨の晴れ間。松籟《しょうらい》公園の緑に守られるように建っている「ウッドストック」の扉を開けると、「お好きな席へどうぞ」と声がかかりました。マダムは「外、暑かったでしょ」とにっこり。その声は涼やかな緑色に染まった店内の空気とともに、長く記憶に残りました。

　次に訪れたのも気温三十度を超える午後のこと。みずみずしいメロンやサクランボを添えたコーヒーゼリーをいただきました。「赤い色にこだわっていて、イチゴのない季節はサクランボをのせたりするの」とマダム。どう見ても価格よりはるかに豪華なのですが、お客さまに喜んでほしいというあたたかい気持ちの表れでした。三十種類のスパイスを用いた濃厚なオリジナルカレーも人気の一品です。

結婚を機にこの住宅街で暮らすようになったマダムは、「まわりに知ってる人もいないし、緑を見ながらお茶を飲んで人と話ができたらいいな。模様替えを依頼した大工さんにそう言ったら『ここに喫茶店つくれますよ』って建ててくれたの。店名は、目の前に森があるから鳥の名前にしたくて」と、スヌーピーに登場する小さな黄色い鳥にあやかった〝ちょっと素《す》っ頓狂《とんきょう》〟な経緯を教えてくれました。料理学校で学んだ腕前を活かし、種類豊富なメニューを揃えて開店したのは一九七九年のことでした。

　ガラスの大テーブルの下の鉄道模型はドイツのメルクリン社製。その昔、息子さんが幼いころにマダムの亡きお父さんが贈ってくれたもの。家族の幸福な記憶が、この喫茶店の優しさを支えているのですね。

menu

コーヒー各種 500 円〜　本日のフレッシュフルーツミルク 650 円
オリジナルカレー（サラダ、コーヒー付）1500 円
トースト各種 400 円〜　コーヒーゼリー 550 円
ケーキセット 800 円

ウッドストック
武蔵野市吉祥寺東町 4-3-9
Tel 0422-21-3338
11:00 〜 18:00
木・金休
HP：wood-stock.jimdofree.com

47

ゆりあぺむぺる

吉祥寺

ぼやぼや歩いているとバスにひかれそうになる駅前通りの雑踏は、ひしめくお店の顔触れが変わっても十二年前と変わりません。そのなかに「ゆりあぺむぺる」は確かな存在感をもって佇んでいます。

広い店内を彩るのはアンティーク家具。百年以上前のアメリカ製レジスターも使われています。優美なアールヌーヴォー調の曲線を描く鉄の中扉、出窓にともるランプ、花柄のテーブルクロスなど、開店当初から変わらないものたちが醸《かも》しだす空気は、幅広い年齢層の人々に親しまれています。

この日注文したのは角砂糖にブランデーを垂らして火を点け、青い炎を楽しむカフェ・ロワイヤルと、定番のマロンシャンテリー。特製マロンクリームをパフェ仕立てにした、シンプルなおいしさが光るスイーツです。

パステル調の絵具箱のような色彩を揃えて人気を博すクリームソーダ。なかでも目をひく赤いザクロは開店当初、お客さまに小さな驚きを楽しんでほしいと始めたものでした。「そういうメニューを考えるのを自分たちも楽しんでいます」と店長。お客さまが〝いやすい〟空間であることを大切にしているそう。

まだ吉祥寺が活気づく前の時代のこと、ライブハウス「受茶羅」グループのオーナーは、自分たちがくつろげる喫茶店がどこにもないと考え、アーティストたちの協力を得て一九七六年にゆりあぺむぺるを開きました。

店名は宮沢賢治の詩集『春と修羅』の一篇にある「ユリア　ペムペル　わたくしの遠いともだちよ」からとられたもの。賢治はどれほど多くの喫茶店に霊感を与えてきたのでしょうか。

menu

コーヒー各種 630 円〜　紅茶各種 680 円〜
クリームソーダ 850 円
カフェ・ロワイヤル 1050 円
ビール 700 円　グラスワイン 700 円
パスタ各種 1080 円〜　カレー各種 1080 円〜
プリン 600 円　マロンシャンテリー 580 円

ゆりあぺむぺる
武蔵野市吉祥寺南町 1-1-6
Tel 0422-48-6822
11:30 〜 20:00、金・土・祝前 11:30 〜 22:00
月休
HP：info85594.wixsite.com/yuria-pemuperu
Instagram：@yuriapemuperu

48

月待チ珈琲店

片倉

　片倉駅から徒歩五分ほどの住宅街に木戸門を構える「月待チ珈琲店」は、風雅な茶室を改修した、わずか五席の喫茶空間。靴を脱いで畳の間に上がると玉砂利を敷いた水琴窟《すいきんつく》に迎えられます。床下に置かれた甕《かめ》のなかに水が流れこみ、甕に反響して微かな音をたてるのです。もとから設けられていたそうですが、国道を行きかう車の音が途切れると席に座っていても幽玄な音がよく聞こえ、意識が日常を離れて浮遊していくのを感じました。

　にじり口や窓の障子ごしに透けて見える庭木の緑。茶室らしい凝った天井の造り。季節をまとう床の間の花。アンティークの本棚に並ぶ、月にまつわる書物の数々。いかにもひとりでひっそりと時を味わうためにしつらえられたという風情です。

　メニューは深煎りコーヒーや抹茶などの飲みものと、店主の久住則子《くずみのりこ》さんがつくる数種類の「本日のお菓子」。この日、私は自家焙煎珈琲店「ねじまき雲」の豆をハンドドリップする「ツキシズクコーヒー」の優しい苦みと、ワインにも合いそうなチーズケーキのコクを楽しみました。

　若いころから喫茶店で過ごす時間を愛してきた久住さんは、「自分があったらいいなと思うものをカタチにしてみようと、長く、ゆるく、強く考えていました」と語ります。喫茶店やバーなどの飲食店で経験を重ね、二〇二〇年に想いを実現。心のこもったおもてなしは、自身が体験した数々の喫茶店の記憶が種となってやがて芽吹いたように、月待チ珈琲店が「いつか誰かの記憶の小さなカケラになることを願って」ささやかな種をまくという意志の表れでした。

menu

コーヒー2種850円〜
カフェオレ950円
紅茶各種950円
煎茶、抹茶（薄茶）各950円
大人のジンジャーエール950円
本日のお菓子 各550円　※ドリンクと一緒にご注文ください

つきまちコーヒーてん
八王子市片倉町2405-1
Tel なし
14:00〜22:00（L.O.21:30）
月・火＋不定休
Instagram：@tsukimachi_cafe

第5章

一杯の珈琲から

49 カフェ・バッハ

南千住

おいしいコーヒーとは何か？　その昔、評価基準も文献資料も未整備なまま議論が交わされていた自家焙煎コーヒーの世界に、データに基づいた明快な理論と指標を提示して業界を牽引してきた「カフェ・バッハ」の店主、田《た》口護《ぐちまもる》さん。「おいしいコーヒー」は個人の嗜好や体調、価値観に左右されるため定義が困難だが、「よいコーヒー」は明確に定義できるとして、ハンドピックで選別した良質な生豆と、豆の個性を引きだす適切な焙煎、新鮮さを挙げ、その著書はコーヒーの道に進む人のバイブルとなりました。

一九六八年、夫人の文子《ふみこ》さんが元からお店を構えていた南千住でカフェ・バッハをスタート。周辺が日雇い労働者の街から旅行者向けホテルの並ぶ明るい街へと変貌した現在も、変わらぬコーヒーの香りを漂わせており、明るい店内では「一度は聖地を参拝したかった」という雰囲気のコーヒー好きと、地元のなじみ客と海外旅行者が渾然一体となってくつろいでいます。

棚にずらりと並ぶ豆は浅煎りから深煎りまで二十種類以上。カウンター席に座ればスタッフのドリップを見なが

ら気軽に質問することができます。

「開店当時、専門店はネルやサイフォンを使うのが一般的でしたが、当店は家庭にドリップを普及させることを目的として初心者も気軽に始められるペーパードリップを採用しました」と、総店長の田口康一《たぐちこういち》さんは語ります。

初来店者へのおすすめの一杯は、カフェ・バッハの味の基準となるバッハブレンド。常連客にも長く愛されつづけてきた定番の味です。

「まずこれを飲んで、たとえばもっと苦くてもいいなと思ったら次は深煎りに挑戦するなどしてお好みの味をみつけてほしい。ケーキとペアリングすれば楽しみがより広がります」

ペアリングには原則があり、チョコレート系スイーツには深煎り、柑橘系には浅煎りのコーヒーが合うとされていますが、バッハではルールにとらわれない自由な組み合わせを提案。

「洋服のコーディネートと同じようにお店としてはベーシックな組み合わせをお伝えしますが、個性的なコーディネートが好きな人はそれを楽しんで」

多彩なアレンジコーヒーを揃えているのも、「コーヒーは砂糖やミルクを好きなように加えて飲むもの。ストイックな流儀にこだわる必要はない」という懐の深い姿勢の表れでした。

テーブルに置かれている砂糖は白ザラメ。透明感のあるバッハのコーヒーにはすっきりした甘さの白ザラメが合います。家庭のドリップコーヒーのハードルを下げながらも、お店で提供する一杯の品質は高く、誰でもとり入れやすく自由なコーヒーの楽しみは、細部までおろそかにしない目線と入念な仕事に支えられているのですね。

「コーヒーカンタータ」を作曲したJ・S・バッハと田口さんの間には、いくつもの共通点をみつけることができます。西洋音楽の基礎を構築したバッハが多くの後輩を育成し、音楽界の発展に貢献したこと。オルガン演奏の秘訣を「特別なことは何もありません。正しいキーを正しい指で押すだけでいいのです」と述べていることも、「よいコーヒー」の定義に通じるものを感じます。

田口護さんからお聞きした名言のなかで、よく胸によみがえる言葉のひとつは「ケーキとコーヒーは恋人の関係、パンとコーヒーは夫婦の関係」。ときどき食べる甘いものを恋人に、毎日食べるパンを夫婦にたとえた巧みな比喩は、コーヒーの普及に尽力してきた田口さんならでは。二階の工房ではコーヒーとの相性を大切にしたケーキが焼き上げられています。

カフェバッハ
台東区日本堤 1-23-9
Tel 03-3875-2669
10:00~19:00（L.O.18:45）
金・第 2 火休
HP：bach-kaffee.co.jp
Instagram：@cafebach1968

menu
ストレート、ブレンド各種 660 円～
アインシュペンナー 800 円
ホット・モカ・ジャバ 820 円
ローマン・エスプレッソ 760 円
ケーキ各種 600 円～
トースト 440 円

50 堀口珈琲 世田谷店 千歳船橋

一九九〇年に創業し、日本のスペシャルティコーヒーのパイオニア的存在として知られる堀口俊英《ほりぐちとしひで》さん（「堀口珈琲」現会長）。九六年に現在の場所に移転した世田谷店は、洗練された喫茶空間へと改装を経て、現在まで多くの人に愛されつづけています。大気中に靄《もや》のような雨の気配が漂っている夏の朝、お店を訪ねました。

堀口珈琲は店舗ごとに明確なコンセプトを打ちだしています。焙煎機能は横浜ロースタリーに集約し、狛江店は気軽にコーヒーを学び交流を深める集いの場に、またOtemachi One店はイタリア流の立ち飲みバール文化と高品質なエスプレッソやコーヒーを組み合わせたスタンドと位置づけています。

シニアも多く暮らしている街のおだやかな空気に寄りそう世田谷店は、日本独自の喫茶文化と高品質なコーヒー

が融合した空間。樹齢二百年のウォールナットを用いた長いカウンターの奥に、北欧テイストの落ちついたテーブル席を設けています。壁を飾るのは、堀口俊英さんが長年趣味で集めてきた有田焼のコーヒーカップのコレクション。お店に通う常連客が年齢を重ねて世代交代していくいっぽうで、週末には遠方から訪れる若い人も増えているといいます。

三代目社長として活躍する若林《わかばやし》恭《たか》史《し》さんは「この街にフィットする風景の一部として、街をかたちづくる役割を果たしたい」と語ります。

メニューには季節を感じるアレンジコーヒーや世田谷店名物のパフェなど、魅力的な品がずらり。そのなかでぜひ一度は味わいたいのが一番から九番まで揃えたブレンドコーヒーと、種類豊富なスイーツの組み合わせです。

スペシャルティコーヒーの華といえば産地ごとの個性が表れるシングルオリジンコーヒーですが、堀口珈琲はそれに加え、シングルオリジンでは味わえない風味を創造するブレンドを独自に育んできました。

「ブレンドは日本が誇るコーヒー文化のひとつ」と若林さん。その味づくりにはロースターの世界観と実力が鮮やかに浮かびあがります。軽やかでおいしい酸味、濃厚なコクと甘みなど、テーマをもってバランスよく配置された堀口珈琲の各ブレンドは、飲み較べるとおもしろいほど明確に違いとテーマが感じとれます。農作物という性質上、コーヒーの味は毎年変化するものですが、ロースターが技術を駆使して安定した味わいを保つ定番のブレンドは、いつも変わらずそこにあってコーヒーの奥深い世界を照らしている、信頼できる灯台のような存在ではないでしょうか。

三十年以上にわたって磨きあげてきたコーヒーのおいしさ。近年はそれを「どう可視化して伝えるか、幅広い層のお客さまにどう楽しんでもらえるか」にフォーカスして思考を重ねてきたことが、わかりやすく整理されたメニュー表からも伝わってきます。

「私たちがお客さまにお伝えしたいことはたくさんあり、長くなってしまいがちなので（笑）」、読書や会話を目的として訪れた人を憂鬱にさせないように、スタッフの説明は楽しく短く端的に。そのかわり店内には「ブレンドとわたし」と題し、スタッフが個人的な味と香りのイメージや記憶、似合うシーンを綴った小さなリーフレットが置かれています。たまたまブレンド八番のリーフレットを手に取った私は、蒼いグラデーションのなかに沈んでいく夕空の色彩と言葉にイメージをかきたてられ、感動してしまったのです。

八番のテーマは「深煎りエレガンス」。七番が苦く甘く豊かなコクをもち、これぞ深煎りの王道という風格を漂わせるのに対して、八番は深煎りのしっかりした苦みをもちながら、浅煎りの特徴である華やかな果実感を兼ねそなえ、相反する要素の調和をはかっています。

その味わいに「夜の深呼吸」というタイトルを冠したスタッフは、夕暮れどき、青のさまざまな階調を見せながら刻々と暗い藍色に転じていく空と静かに満ちていく夜、アイスランドの旅の記憶について綴り、八番を飲みすすめていく体験を「複雑で濃密な味わいがまるで宵の空のようにゆっくりと、彩度を変えながら身体の隅々に浸透していく」「ほのかに舌の上に残る果実の甘やかさ」と表現しました。実際に飲んでみたいと思わせる強い磁力がありますね。コーヒーに興味を抱きはじめたものの、初心者に優しくないお店でバリスタから「ストーンフルーツのフレーバー」などと専門的な語彙で説明を受けて困惑した経験のある人にとって、こういうリーフレットは素敵な入口となることでしょう。より具体的な情報を求める人には、ウェブサイトに詳細が用意されています。

若林さんいわく「コーヒーの味をつきつめるほど、その見せかたも重要性を増していきます。パッケージの色に味の印象とのミスマッチがあってはいけない。空や海は、深みへ行くほど光の屈折率などによってさまざまな青が生まれます。いくつもの青が混じって揺らいでいるような色――というイメージを社内資料で共有していて、スタッフは八番を〝一杯のなかに空や海の深遠さのようなものを見出だしていくブレンド〟だと認識しています。飲む人がその青をどのように解釈するかはまったく自由。これもまた喫茶店的な楽しみではないでしょうか」

そんな心惹かれるお話を聞かせてくれた若林さんは、理学部の研究室にいた学生時代から堀口珈琲に通いはじめ、二〇〇五年に入社。最近対談したソムリエに「一度の温度変化にも気を遣うワインと比べて、コーヒーは熱々から冷めるまで温度変化を楽しむのが衝撃的」と言われ、新たな視点に刺激を受けたといいます。

「コーヒーはライフワーク。スペシャルティコーヒーとはなにか、ずっと続けてきてもう少しで本質が見えるんじゃないかという感触です」

menu

ドリップコーヒー各種 700 円〜
シングルオリジンコーヒー各種 700 円〜
カプチーノ 730 円　ホットティー 820 円
ケーキ各種 500 円〜
季節のパフェ 1430 円〜
サンドイッチ各種 825 円〜

ほりぐちコーヒー せたがやてん
世田谷区船橋 1-12-15
Tel 03-5477-4142
11:00 〜 19:00　第 3 水休
HP：kohikobo.co.jp
Instagram：@horiguchicoffee

51

十一房珈琲店

銀座

銀座でまろやかなネルドリップのコーヒーと静謐な時間が恋しくなったら、「十一房珈琲店」の扉を開けましょう。ガラス越しに焙煎室が見えるエントランスこそ小ぶりですが、奥には落ち着いた空間が延びており、真空管アンプから控えめに流れるジャズと、グループは三名まで、声のトーンは控えめにというルールに守られながら、心がざわつくことのない幸福な時間が過ごせます。

「ブタ釜」の愛称で知られる年代物の焙煎機と、コーヒーに的を絞ったメニュー構成が名店「カフェ・ド・ランブル」の遺伝子を伝える一方で、新店主、長谷川能一さんならではの世界が息づいており、コロナ禍以降、お客さまは長年の常連客より若い人々のほうが多くなりました。

メニューは焙煎度ごとにライトローストからイタリアンローストまで五段階を揃えたブレンドと、種類豊富なストレートが中心。ちょっとマニアックな人を惹きつけるのが、スペシャルティコーヒーの中でも特に優れた味わいの豆や、ユニークな取り組みに挑戦している農園の豆、希少性の高い豆などを選んだ期間限定のコーヒーです。日本中でここでしか飲めない、そんな価値ある一杯をどうぞ。生豆は「ワタル」と、社長の人柄とコーヒーに賭ける情熱に心を打たれたという「マルカイコーポレーション」などから仕入れています。

長谷川さんが理想とするのはどんなコーヒーなのでしょう？

「僕たちは『まろい』と表現しますが、大げさに言えば片栗粉を溶き入れたかのような、とろっとしたまるみを帯びて、口当たりが柔らかく、甘みを感じるコーヒー。そこに現代の精製方法から生まれる多様なフレーバーをのせて楽しむ。ネルドリップの良さは、まろいコーヒーを抽出できることだと考えています」

カップのなかで静かに光る、まろい液体。そこには、コーヒーに一生を賭けた先人たちの不思議な縁も溶け込んでいました。

十一房珈琲店は一九七八年、銀座柳通りで「カフェ・ベシェ」としてオープンし、現在の場所に移転する際に「十一房珈琲店」の名を加えました。初代店長の及川俊彦さんは、ランブルの焙煎職人だった山田幸男さんから焙煎技術を学んでいます。その及川さんとの出会いが、長谷川さんの人生を決定づけたのです。

長谷川さんは学生時代に十一房珈琲店で及川さんのまろいコーヒーに魅了

され、常連客となりました。いったんは企業に就職したものの、二年で辞めてコーヒーの道へ。アルバイトを募集してはいなかった十一房に履歴書を持ちこみました。

「憧れだった及川さんに履歴書を差し出したときは緊張して顔も上げられなかったのですが、なぜか親切にしていただき、雇ってあげられない代わりにと、自由が丘の十一房珈琲店から独立して尾山台で『ヴェルデ・カーナ』を開く人を紹介してくれました」

それを皮切りにさまざまな珈琲店で焙煎やバリスタの経験を重ねた後、前店長だった桶谷さんとオーナーに請われ、十一房珈琲店主に。いわば自分の原点であるお店を経営することになったのです。

されど、古参の人々は何かと口うるさいもの。昔のほうが良かったというお定まりの不満を受けて苦しんだ時期もありました。「僕自身も常連だったし、本当にこのお店が大好きだという気持ちはつねに内包しています。十一房出身の人々の『もう長谷川くんのお店なんだから余分なものを背負わなくていい』という言葉で心が楽になりました」

毎年十一月には、四十五歳で早逝した及川さんを偲ぶ常連客が命日にお店に花を贈ってくれるならわしがありましたが、二十三回忌でひと区切りとなり、「これからは僕が忘れずに及川さんに花を手向けていきます」と長谷川さん。店内の静寂を守るルールについては日々悩んでいるそうですが、長谷川さんならではのコーヒーの味わいを慕う人々も現れており、十一房珈琲店が着実に新しい時代を歩んでいることが実感できるのです。

じゅういちぼうコーヒーてん
中央区銀座 2-2-19
Tel 03-3564-3176
11:00 〜 21:30
無休
HP：www.facebook.com/cafebechet

menu
ブレンドコーヒー各種 920 円
期間限定コーヒー各種 1150 円〜
ストレートコーヒー各種 970 円〜
ヴィンテージコーヒー 1200 円〜
カフェカプチーノ 1070 円
ケーキ各種 550 円〜

自家焙煎
Café
十一房珈琲店

52

カフェドゥワゾー

阿佐ヶ谷

丈《たけ》高いケヤキの並木が緑をこぼす大通りの「カフェドゥワゾー」で、目をみはるような品格を漂わせる、美しいコーヒーをいただきました。いささかの雑味もない、キレの良い味わい。店主の宗孝男さんが〝何杯でも飲めるコーヒー〟〝難しい理屈ぬきに、気がついたら飲み終えているようなコーヒー〟を念頭において粗挽きの豆をネルドリップする姿には、密度の高い集中がにじみ出ています。コツを訊ねると「ネルから最初の一滴が落ちるまでは充分に注意を払って、あとは自然に流れにまかせればいい」

宗さんは銀座のカフェ・ド・ランブルで山田幸男さんを兄弟子として三年半修業したあと、十一房珈琲店の創業時から焙煎を担当してきた名職人。一九八四年に銀座を離れ、街の日常のなかで仕事がしたいと、阿佐ヶ谷に「二

羽の小鳥」を意味する自家焙煎珈琲店を開きました。

「ブタ釜」の愛称で呼ばれる古い焙煎機は「豆の持ち味が正直に出る」と宗さん。メニューには二十種類以上のコーヒーが浅煎りから深煎りまでバランスよく並んでおり、ランブルの系譜を継ぐオールドビーンズもさりげなく混じっています。「十年、二十年とねかせた豆はうちでは珍しくないが、三十年となると焙煎が難しくなる。豆を焼いてみるまでわからない」

　年代物のワインのような豆はリスクでもあり、成功すれば唯一無二の味でもあり。宗さんはテクニックを駆使して試行錯誤を楽しんでいるようです。

　深煎りのキューバをドゥミタスで注文すると、角がとれた熟成豆特有の香りが一瞬ふわっと鼻先をかすめ、柔らかな苦みと旨みがひろがりました。

menu

ブレンド各種 550 円〜　ストレートコーヒー各種 600 円〜
カフェオーレ 600 円　ブランエノワール 700 円
トースト 400 円　自家製ケーキ 500 円〜

カフェドゥワゾー
杉並区阿佐谷北 4-6-28
Tel 03-3338-8044
12:00~22:00
木休

53

讃喫茶室

尾山台

淡いブルーグレイの棚に自家焙煎したコーヒー豆のガラス瓶が並ぶ「讃喫茶室」は、大人たちが安心して肩書やしがらみを忘れ、〝誰でもない自分〟になってコーヒーを味わえる場所。美しい半月型のチーズケーキも、濃厚さとさわやかさをあわせもつ逸品です。

店主の浅野《あさの》嘉之《よしゆき》さんはフジローヤルの焙煎セミナーの講師として活躍し、焙煎や抽出の造詣の深さで知られていますが、自身の仕事の原点として物柔らかな口調で語ってくれたのは、コーヒーをコーヒーたらしめる喫茶店という空間への思いでした。

「関西での学生時代、喫茶店は中途半端な自分から逃げられる場所でした。将来は喫茶店でもやろうかと甘く考えていましたが、それも社会からの逃避のようなものだった」と浅野さん。

漠然とした夢を「焙煎がしたい、コーヒーの仕事をしたい」という熱気へと一気にシフトチェンジさせたのが柴田書店のコーヒー専門誌『BLEND』の創刊です。ページが導くままに東京の自家焙煎珈琲店の門を叩き、名店で技術の研鑽を重ねました。

そして一九八五年、二十代で大阪に自身初の自家焙煎珈琲店「珈琲倶楽部」を開業。その後の波乱万丈な足どりには呆然とするばかりです。華麗なバブル期、二度の大震災、リーマンショック、新型コロナ禍。浅野さんが手がけた歴代のお店はそれらすべての影響を被ってきたのです。

バブルの時代、珈琲倶楽部の目の前に高級フレンチが誕生します。シェフの西村《にしむら》克己《かつみ》さんは関西フレンチの先駆者。その存在と華やかな文化に触発された浅野さんは、自身の食の世界も深めようと九三年に本格的パティスリーを併設した「カフェ・サロン・ド・テ会庵」を開き、アシェットデセールで成功をおさめます。阪神・淡路大震災の震度七の揺れが一帯を襲ったのは、開店二年後のことでした。

「若さの勢いで無我夢中になってなんとかお店を立て直しましたが、その時期の記憶はほとんどありません。ただ、傷は一生残りますね」

〇七年、友人に誘われて東京に移り、神保町に大型ダイニングカフェをオープン。好評を博するも今度はリーマンショックに直撃されてしまいます。疲弊した浅野さんは故郷の兵庫県に帰り、宝塚で個人店「讃喫茶室」のマスターとなりました。それは原点に立ち返り、コーヒーや街の人々に向きあう幸福な日々でした。

されど「お店を続けていれば十年に一度は何かしら起きる」もの。盟友に誘われて参加した中国・上海での自家焙煎珈琲店プロジェクトは東日本大震災のため頓挫《とんざ》。その後、神奈川の「カフェ・リコ」の立ち上げに参画して成功に導き、一四年に二店舗目として東京・青山に「ジェントル・ビリーフ」を開店。四十種類もの生豆を常備し、小型焙煎機でお客さまの好みに応じてオンデマンド焙煎をおこなうお店でした。そして一八年、尾山台に自身の讃喫茶室をオープンします。

「どんな時代も土台にずっとコーヒーと焙煎があったことは幸いでした。大型店時代、多忙なランチタイムにハンドドリップは不可能だからコーヒーを裏切るようなこともしたのに、コーヒーは裏切らなかった」

危機に陥るたびに立ち直ってこれたのは、憂いを忘れるために訪れた珈琲店での静かな時間と、コーヒー探究への消えない情熱、そして浅野さんのコーヒーの味わいを愛する人々のおかげでした。

天国も地獄も熟知した浅野さんの言葉は含蓄に富んでいます。変化の速いコーヒーシーンの最新潮流をコーヒーの可能性を拡げるものとして肯定しながらも、「スペシャルティコーヒーはコモディティコーヒーの下支えなくしては成立しない。コモディティは決して軽んじていいものではないんです」という視座の高さ。自家焙煎珈琲店の偉大な先人たちが己の至高の一杯を追い求めたコーヒーを〝芸術品〟として深く敬愛するいっぽうで、自身のお店では街場の喫茶店として人々の要望に応える〝職人〟の姿勢を貫いています。

コーヒーを極めれば極めるほど答えにくくなる質問であることを承知で、「理想のコーヒーとは？」と訊ねてみ

menu

コーヒー各種 630円〜
ウインナーコーヒー 750円
コーヒーフロート 800円
茶壷房の紅茶各種 700円
チーズケーキ 470円　クレームブリュレ 470円
生ハムのサンドイッチ 780円

さん きっさしつ
世田谷区等々力 4-9-3
Tel 03-6809-7300
10:00 〜 20:00（L.O.19:00）
無休
HP：cafe-san.com
Instagram：@sankissashitsu_oyamadai

ました。私は浅野さんにお話をうかがう機会があるたびに正解が存在しない問いばかり発してしまうのです。傾聴すべき言葉が返ってくるから。

「たとえば『酸味のあるコーヒーが好きだが、エッジの効いた酸味はつらいんだ』という人がいらしたとき、『私どもには、優しくふわっとした酸味の浅煎りしかないので、お出しできるかもしれません。パンチの効いたコーヒーを求めるかたには物足りないかもしれませんが』と言って、飲んで満足していただける。そんなキャッチボールが成立したときに理想のコーヒー空間が生まれると思いたいのです」

理想のコーヒーとは、日常の雑事を忘れて誰でもない自分になったあなたと私のあいだに姿を現すもの。その舞台こそが喫茶店なのだと教えてもらいました。

54

ねじまき雲（陽）

国分寺

ひとりで訪れたい小さな自家焙煎珈琲店。目を閉じて深煎りの珈琲を味わっていると、ひたひたとおし寄せてくる旨さに、まるで雪の降る深夜に肩までお風呂につかったときのように背筋がじんと震えて「はあ……」とため息が漏れてしまうのです。

メニューは店主の長沼慎吾《ながぬましんご》さんがドリップする珈琲が中心です。肩の力を抜いてゆったりとドリップケトルを構え、ぶれることなく珈琲を抽出していく端正なフォームにはひたむきに珈琲を探究してきた長い年月がうかがえますが、初来店の人も決して身構える必要はありません。長沼さん、通称ネジさんは心優しく謙虚なお人柄。共にお店に立つ妻の百合子《ゆりこ》さんとふたりで、訪れる人が満ちたりた珈琲時間を過ごせるよう心を砕いているのです。

長沼さんは二〇〇六年に青梅街道沿いの古びた一軒家で開業し、十二年に国分寺に移転。青梅の旧店舗は「ねじまき雲（陰）」と名づけて焙煎中心の場とし、陰陽の小宇宙を創造しました。

珈琲店という空間についての思索と自問自答を深めてきた人がつくるお店ゆえに、珈琲の深い香りに包まれて読書したり放心したりする時間が必要な人にとって、ねじまき雲はかけがえのない楽園にして避難所です。入口横に記されたいくつかの利用ルールは、楽園を守る結界を果たしているのです。たとえば三名以上では入店できないこと。大声の歓談は控えること。

その雰囲気が一変するのが、店内がギャラリーとなる作品展の期間。珈琲を楽しみながらアーティストの作品を鑑賞したり、作者と言葉を交わしたりできるのです。お店に向かう前にイベント日程の確認をお忘れなく。

menu

珈琲各種800円～
生チョコレート

ねじまきぐも よう
国分寺市東元町2-18-16 吉野ビル104
Tel 0428-85-9228
15:00 ～ 22:00（L.O.21:00）
火・水・木休
HP：nejimakigumo.blog.shinobi.jp
Instagram：@nejimakigumo

55

茶亭 羽當

渋谷

menu

羽當オリジナルブレンド 900円　オレグラッセ 1000円
ストレートコーヒー各種 900円〜　紅茶各種 1000円〜
オープンサンド 700円　クロックムッシュ 800円
自家製シフォンケーキ各種 600円〜

大規模な再開発が続く渋谷は、猫の瞳のようなめまぐるしい変化がもはや常態。そんな街の路地裏に「羽當」のような琥珀色の空間が保たれているのはほとんど奇跡だと思うのです。

広い店内に足を踏み入れると、十二メートルの長さを誇る松材の一枚板のカウンターと金色の文字盤の振り子時計が視線をひきつけます。

飾り棚で輝く三百客以上のコーヒーカップは、お客さまの雰囲気や状況に合わせて選ぶといいます。この日は優美なオールドノリタケのカップがカウンターに置かれました。

コーヒーは豆によって二通りの抽出方法を使いわけており、山下コーヒーの焙煎後数日以内の新鮮な豆を用いるブレンドはペーパードリップですっきりと、コクテール堂の深煎りオールドビーンズはネルドリップで濃厚に抽出

ちゃてい はとう
渋谷区渋谷 1-15-19　Tel 03-3400-9088
11:00 ～ 23:00（L.O.22:00）　無休
Instagram：@hatou_coffee_shibuya

します。カリタのドリッパーにメリタのペーパーを重ねて使うという方法は「イレギュラーですが、両者のサイズが少し違うため空気の通り道ができて抽出しやすい」と、一九八九年の開業以来ずっとカウンターに立ちつづけてきた寺嶋《てらしま》和弥《かずや》さん。アメリカの「ブルーボトルコーヒー」の創業者が来日のたびに羽當を訪れていたという逸話が広まった影響もあるのか、近年は若いお客さまも急増しているそうです。

　大テーブルでは天井に届かんばかりの草花が季節の気配を香らせています。店名に茶亭と冠したのはオーナー。茶室の床の間に花が欠かせないように羽當にも必ず花をしつらえ、また、茶会の亭主が客人を迎える前に路地に打ち水をして清めるように、毎日スタッフが入口前に水を打つのだと、素敵な話を聞かせてもらいました。

第6章

魅惑の一皿

56

銀座ブラジル

浅草

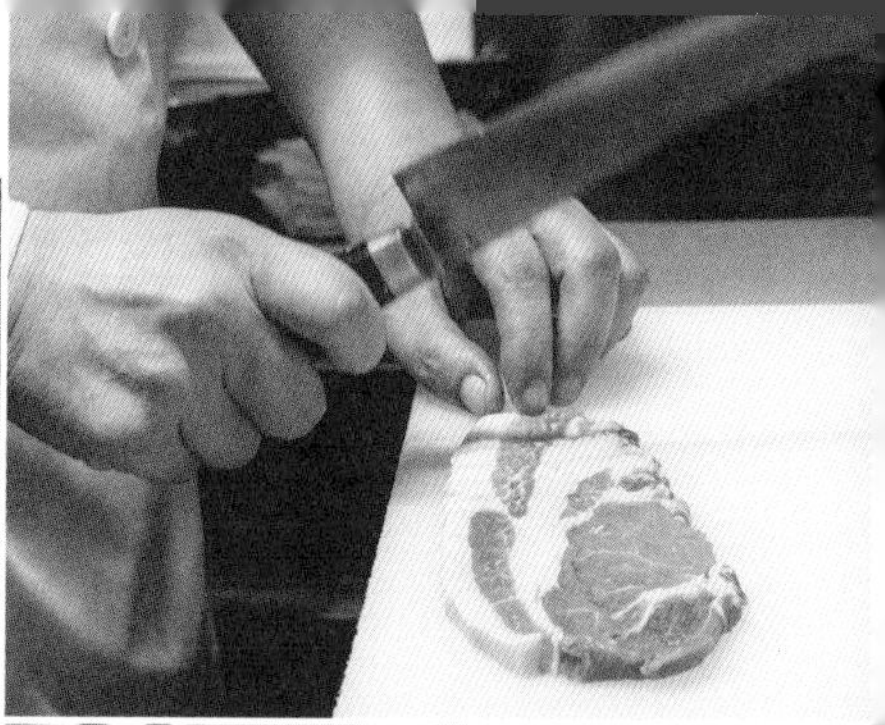

元祖ロースカツサンドで人気を博す浅草の老舗喫茶店。往年のハリウッド俳優の写真が飾られた店内はお昼が近づくにつれ活気に満ちていき、人々の話し声や食器の音が空腹に響きます。

注文して三十分ばかり待つと、きつね色のトーストに二枚重ねのロースカツと千切りのキャベツを挟んだ、うっとり見惚れるような断面をもつ一皿が運ばれてきます。

「必ず注文を受けてからカツを揚げ、パンをトーストするので混雑時には一時間くらいお待たせするけど、できたてが一番おいしいから。このやりかたも味も、創業時代からずっと変えていません」と、店主の梶冨美子《かじとみこ》さんがざっくばらんな下町口調で話してくれました。

待つ価値は大いにあるのです。水分量の多いパンを使ったトーストはほんわりサクサク、脂身と赤身がバランスよく重なるように並べたロースカツから脂の甘みと肉の旨味があふれ出て、やわらかい歯ざわりのキャベツや甘辛バランスのいいケャップソースと口のなかで混じりあいます。ボリュームたっぷりなのにくどさを感じないのは、さっくりと軽い衣のおかげ。冷えたビールとも最高の相性です。

店奥にある厨房の小窓ごしに、熟練の料理人のよどみのない動きを見せていただきました。ロースカツを包丁の背で叩き、衣をつけて揚げ油の中にやさしく放つと、タイミングを見計らって引きあげて予熱で火を通します。キャベツの細い千切りも機械まかせにせずにすべて包丁で刻んでおり、ふわりとした歯ざわりは「人の手を使って切るからこそ生まれる」のだといいます。つくれる数には限りがあるので営業時間中に売り切れる日も少なくありませんが、そんな手間ひまをかけた妥協のない仕事こそが元祖ロースカツサンドのおいしさの秘密なのでした。

創業は一九四八年。ブラジル産コーヒーの輸入を手がけていた梶さんの祖父が銀座に一号店を構え、六三年に浅草店をオープン。

現在はこの店舗のみで営業を続けています。看板に残る「銀座ブラジル浅草店」の文字には、お店の歴史が刻まれているのでした。

創業者が海外で食べ歩いた味をもとに考案したのが元祖フライチキンバスケットや元祖ロースカツサンド。代々、家族がその味を守ってきました。ちなみにモーニングやチーズトーストを注文すると、前方後円墳のようなかたちをしたチャーミングなトーストが登場します。

menu

ブレンド珈琲 450 円
紅茶 600 円
元祖ロースカツサンド 1200 円
ハムエッグサンド 1200 円
チーズトースト 1000 円
元祖フライチキンバスケット 1200 円

ぎんざブラジル
台東区浅草 1-28-2 2F
Tel 03-3841-1473
9:00 ～ 15:30
水休

57

ドゥー

目黒

ブラジル
マンデリン
メキシコ
イタリアン
アメリカン 580
オールドボストン 530
紅茶 600
ミルク 530
カフェ・カプチーノ
ココア
アイリッシュコーヒー
ダッチコーヒー
アイスコーヒー
アイスティー
オレンジジュース
レモン
バナナ
トマト
レモンスカッシュ
おかわり 650
本日の
ストレートサービス
マンデリン 530

何度食べてもおいしいクロックムッシュといい、店主とお客さまの関係といい、「ドゥー」の主成分は愛と優しさだなと思わずにはいられません。

フランスの伝統的カフェの定番、クロックムッシュは「ドゥー」の人気メニュー。先代店主が長年のパリ滞在中にレシピを覚えたそう。二代目店主の嵯峨雅芳さんいわく、味の秘訣は「良い材料を使うこと。バター、無添加ハム、オランダ直輸入のゴーダチーズ、この三つだけのシンプルなものですからね」

直火式のプレス器でパンの水分を逃さず表面をカリッと焼きあげますが、ほんの数秒タイミングがずれると焦げてしまうので気が抜けません。

一九七二年、開店直後に雑誌に掲載されたドゥーの写真を見ると、都会的で洒落たつくりに驚かされます。いまも内装はまったく同じで、ベニヤの白壁だけが歳月とともに恐るべき煙草色に染めあげられました。

学生時代からドゥーでアルバイトをしていた嵯峨さんは、一度は企業に就職したものの社内の派閥争いに嫌気がさしてドゥーに戻り、九六年から店主となりました。心優しい人柄がお客さまに慕われています。

最近、怪我のため三か月ほど休業。常連客は自分で食器を下げるなどして店主をいたわっており、「介護付き喫茶店」と嵯峨さんは笑います。

「本当にありがたい。店はもうお客さまの場所であり、そこで私が働かせてもらっているという意識でいます」

いつか閉店の日が来ても受け継がれなくていい。お店が人の記憶の中にあればいい、と嵯峨さん。たしかに、彼なしにドゥーはありえないのです。

menu
ドゥーブレンド 530円
ストレートコーヒー各種 580円
カフェオレ 600円
ウインナコーヒー 750円
クロックムッシュ 530円
チーズケーキ 430円

ドゥー
品川区上大崎 2-15-14
Tel 03-3444-6609
13:00 ～ 19:00
金・土・日休
Instagram：@cafedeux

吉祥寺は喫茶店のカレーがおいしい街。一九七九年に「江戸糸あやつり人形劇団 結城座」が始めた喫茶店「くぐつ草」もそのうちの一軒です。

濃厚に香る欧風カレー。コリアンダーをはじめとする十種類のスパイスの刺激のなかにまろやかな甘さが顔を出すのは、二十キロもの玉ネギを半日がかりで炒め、具材と合わせてさらに半日がかりで煮こんでいるため。「玉ネギが飴色になるまで炒める」というコツをよく耳にしますが、くぐつ草では飴色を通りこして八丁味噌のような色になるまで根気よく炒めるのがならわし。ライスの上にレーズンをちりばめた姿も美しいこのカレーが、深煎りオールドビーンズネルドリップコーヒーによく合うのです。

建築家、鯨井勇が手がけた仄暗い店内の魅力は開店当時から変わりませ

58

COFFEE HALL

くぐつ草

吉祥寺

ん。入口の重たげな扉、階段や天井の曲線、特別注文した椅子のかたち。地階でありながら細長い空間の奥に小さな庭が設けられ、光が植物たちを照らしていることも含めて、まるで旧式の空飛ぶ船が洞窟に軟着陸してそのまま喫茶店になったような、あるいは鯨の体内にいるかのような錯覚が楽しめます。

店長の菅井さんは「震災やコロナ禍など大きな試練がありながら、街はいま何ごともなかったかのようににぎわい、くぐつ草も再びたくさんのお客さまを迎えています。その回復力を不思議に感じます」と語ります。

調度品は歳月を重ねてギシギシときしむようになり、店内は若いお客さまが増えておしゃべりがにぎやか。目に見える変化はなくとも、耳に届く喫茶店の音は変わっていくようです。

コーヒーホール くぐつそう
武蔵野市吉祥寺本町 1-7-7 島田ビル B1F
Tel 0422-21-8473
10:00 ～ 22:00
無休
HP：kugutsusou.info
X（Twitter）：@kugutsuso

menu
ブレンドコーヒー 2 種 各 850 円
ストレートコーヒー各種 1200 円～
ココア 980 円
くぐつ草カレー 1400 円（セット 1980 円）
カップトースト各種 1400 円～
レアチーズケーキ 800 円（セット 1300 円）

59

BERG

新宿

新宿駅東口改札から徒歩一分。そこに「ベルク」がある限り、私は新宿に出かけたらベルクで昼ビールを飲み、「ベルクが生きていれば新宿は死なない」とひとりごちたりするのです。

雑踏のなかにあるわずか十五坪のセルフサービスのカフェ。小さな厨房からよくぞこれだけ、と感動してしまうほど種類豊富なメニュー。ひとつひとつのクオリティの高さと価格の安さ、提供されるスピード。真似ようと思ってもつくれるお店ではありません。

「自分たちが毎日安心して食べられるもの」を選んだメニューはすべてが名物とも言えますが、原点はベルクドッグ。ソーセージ職人とパン職人の優れた技術にベルクのおいしさへの情熱を挟んだ味わいは、飽きないどころか二度、三度と食べるごとに魅力が増していきます。パンからはみ出すソーセージのぷりっとした歯ごたえ、充実した肉の旨み。素直で優しいパンの風味。トッピングの追加も可能です。

七月の午後にベルクを訪れるとたまたま開店記念日で、駄菓子とスイカがサービスされました。何がすごいって、注文カウンターにはいつものように待ち行列ができていたのにスタッフが忙しいオーラを一ミリも出さず、にこやかに記念日を説明しながらよどみなく列を進ませていたこと。プロのオペレーションです。

立ち飲みと椅子席が半々の店内では、以前は混雑していても新しいお客さまが来れば人々が暗黙のうちに少しずつスペースを詰め、後から来た人が肩を割りこませるという素敵な協力関係が見られましたが、コロナ禍以降は透明な仕切り板が設置されてスペースを確保しています。

menu

コーヒー、エスプレッソ各種 242 円〜
ビール各種 385 円〜　ワイン各種 363 円〜
モーニングセット 429 円〜
ホットドッグ各種 352 円〜
カレー 638 円〜
ハム・ソーセージ各種 418 円〜

ベルク
新宿区新宿 3-38-1 ルミネエスト B1F
Tel 03-3226-1288
7:00 〜 23:00（L.O.22:30）
無休（ルミネエストに準ずる）
HP：berg.jp
Instagram：@ berg_shinjuku_tokyo

60

珈琲アロマ

浅草

浅草の路地を明るませる向日葵《ひまわり》色の日よけが「珈琲アロマ」の目印です。一九六四年、最初の東京オリンピックの年に開店して以来、浅草の住人や浅草演芸ホールに出演する芸人たちの憩いの場となり、十席ほどのコの字型カウンターは気取らない文化サロン的色彩を帯びています。

その中心に立つのが二十一歳でお店を始めた店主、藤森甚一《ふじもりじんいち》さん。お客さまとのほどよい距離感の会話といい、夫人と息の合った連携で注文の品をつくる無駄のない身のこなしといい、〝下町の粋〟とはこういうものかと感じさせてくれます。

ここへ来たらぜひ注文したいのがオニオントースト。信頼を寄せる浅草の老舗ベーカリー『ペリカン』の食パンをトーストしてバターを塗り、生の玉ネギとピクルスをはさんだ逸品です。

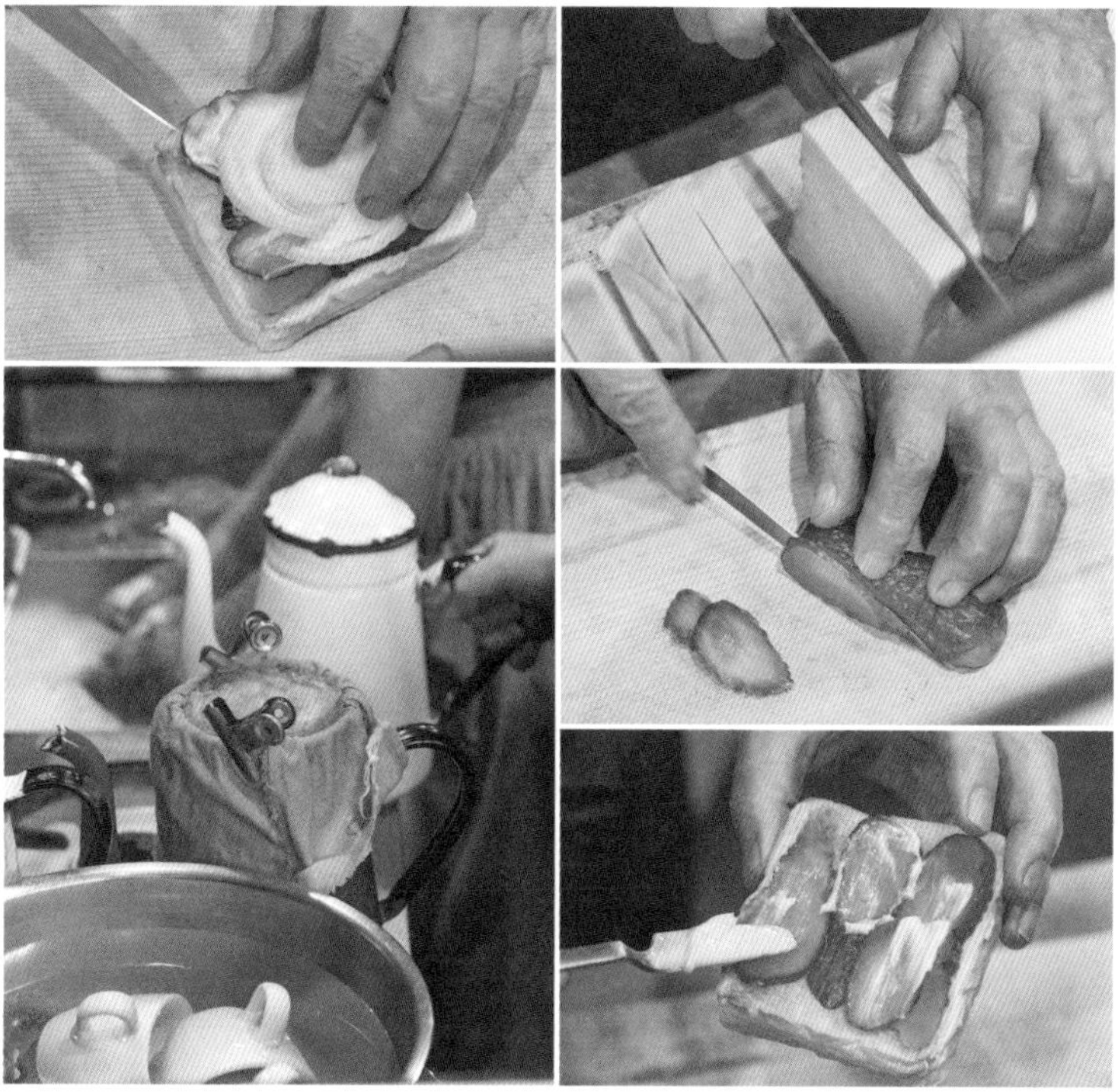

カウンターのなかで進行する手順は誰でも眺められるのに、素人の目には見えないコツを満載しています。
たとえばシャキシャキした食感が楽しめる玉ネギは注文を受けてからスライスしますが、水にさらさないのにツンとした辛味がないのは包丁の切れ味と切り方のおかげか、品種のせいなのか。それとも自家製マヨネーズとピクルスの酸味が玉ネギの甘みを引きだしているのか。
そんな謎に加え、スケールを使わずに食パンを均等な厚みにスライスしていく包丁さばきも、なぜきれいな直線を保てるのかと目をみはります。
「包丁を見ないで自分の視線だけで切っているんです。切っ先を見ると必ず体が曲がる。体が曲がるほうに包丁も曲がっていく」と藤森さん。それは日々の仕事の積み重ねから導かれた経験知でした。

ポップアップトースターで食パンをこんがり焼くあいだ、ときどき手でパンの表裏を返すのは「トースターにまかせておくと均等に焼けない」ため。かなり年季の入ったトースターですが、まさか創業から使っているもの？「いや、三代目か四代目です。毎日酷使してますから。トースターはそんなに長くもたない。人間のほうがもちますね（笑）」

お客さまから「油もささないのに？」の声がかかり、すかさず「夜になるとちょっとさしてます」と藤森さん。当意即妙のやりとりがカウンターを囲む人々をにやりとさせました。

マイルドで軽やかなコーヒーは、焙煎所から四種類の浅煎り豆を取り寄せて藤森さん自身でブレンドしています。ネルドリップは現在ではなかなか見かけなくなった古風な方法で、赤い琺瑯《ほうろう》のポットに大きなネルの袋を直接セットして八杯分のコーヒー粉を入れ、その上からお湯を注ぎます。最後にネルを引きあげてぎゅっと絞る鮮やかな手つき、見られた人は幸運。

おいしくドリップするコツは「静かにおとなしく、コーヒーを刺激しないように、ちょうどいい時間で落ちるように」

心地よく喉を通る味わいは、オニオントーストの良き友です。

余談ですが、私は毎回「師匠」と呼ばれるお客さまと居合わせます。時として店内を笑いに巻きこむ小話を披露なさる師匠もいれば、静かに座っておられる師匠も。この日、洒落た帽子をかぶってコーヒーを飲み、「師匠」と声をかけられていた八十代の男性は、木馬亭に出演する眞木《まき》淳《じゅん》師匠でした。

コーヒーアロマ
台東区浅草1-24-5
Tel 03-3841-9002
8:00 〜 18:00
土・日・祝休

menu
ブレンドコーヒー 400円
ストレートコーヒー 530円
ミルクティー 400円
生ジュース 450円
オニオントースト 330円
ピーナッツバタートースト 160円

珈琲 アロマ
珈琲
アロマ

61

ラ・フレッサ

日本橋

高層オフィスビルが連なる日本橋の一角に忽然《こつぜん》と姿を現す、緑に埋もれそうな二階建て。屋根のてっぺんには小さな風見鶏。一九七八年創業の喫茶店「ラ・フレッサ」は界隈のビジネスマンや愛煙家たちのオアシスです。

昭和の時代、オフィス街の路地裏にひしめく喫茶店の多くは出前の注文に応じていました。社内会議や来客用のコーヒーとして喫茶店の出前が重宝されたのです。

ラフレッサは周辺の喫茶店がほとんど姿を消した現在も電話がかかってくるとサイフォンでコーヒーを淹れ、近隣の会社に届けています。街のいたるところでコーヒーが手軽に買えるようになっても、やっぱりあの喫茶店のコーヒーでなきゃ。そう考える人々に大事にされているのでしょう。

素晴らしいのは朝八時から十一時まで提供されるモーニングセット。「この価格でいいんですか？」と恐縮してしまうほど充実した内容が評判です。バタートーストとハムエッグ、ツナサンドとゆでたまごなど四種類から選べて、サラダとドリンク付き。さらに心づくしのサービスとしてメロンかイチゴまで添えられます。

お店の前にモーニングの看板が出ていなければ、売り切れにつき終了です。午前中の遅い時間に行ったら私の注文が最後の一皿だったことがあり、「メロンもイチゴも付けときますね」と店員さん。小さな福をありがとう。

早朝から仕込みを始めるマダムに店名の意味を訊ねると「スペイン語で野イチゴ、私が言うと毒イチゴ（笑）」！

ランチのナポリタンも、タリアッテレの生麺に自家製トマトソースをからめた、目をみはるおいしさです。

menu

ブレンドコーヒー 350 円
カフェラテ 400 円
サンドイッチ各種 600 円
モーニングセット各種 580 円
ランチセット各種 1100 円
自家製ケーキセット 680 円

ラ・フレッサ
中央区日本橋本町 4-2-8
Tel 03-3241-2613
8:00 ～ 20:00（L.O.19:00）
土・日・祝休

62

田村町 木村屋 本店

新橋

一九〇〇年、あんぱんで有名な「銀座木村家」から独立し、ベーカリーとしてスタートした「田村町 木村屋本店」。大正時代に喫茶部、昭和初期に洋食部門を併設。一九六四年に洋菓子店としてリニューアルした店内は、入口にケーキや焼き菓子が並ぶショーケース、奥に喫茶スペースを設け、多くのお客さまを迎えています。

　完熟バナナをカスタードクリームともちもちのクレープ生地で包んだバナナケーキは、無添加のシンプルで上品なおいしさ。午後には完売することもあります。四代目を継ぐ大塚浩さんは「フォークやお皿なしで食べられる生菓子なので、昔から法人のお客さまを中心に手土産としてお使いいただきましたが、芸能人の方々がメディアで紹介してくれたのをきっかけに人気商品となりました」と語ります。

　古き良き時代の味を求める年配の方々からバタークリームを珍しがる若い人々まで、来店者は多種多様。新商品も並んでいますが、注目を集めるのはいかにも昔懐かしい風情のバタークリームのケーキやアップルパイ。かつて喫茶室を訪れた江戸川乱歩や山田風太郎の寄せ書き、岡本太郎のイラストが飾られた喫茶スペースで、コーヒーとともに楽しみました。

「三代目の父が投げ出すように辞めたので私がお店を引き継いだ。私自身が味や香りを強調するような香料が苦手なので使用しません」

　高齢の方々の「上京して初めてここでトーストを食べた」「戦後の配給で並んだ」「おじいさんと初デートをしたのがこのお店」「ここで働いていた」という声はひっきりなし。当分やめられないですね、と笑う四代目です。

menu

ケーキセット 880円
ダブルケーキセット 1210円
デリカセット（11:30 ～）1320円
キッシュセット（1210円）

たむらちょうきむらやほんてん
港区新橋 1-18-19
Tel 03-3591-1701
9:30 ～ 19:30
土・日・祝休
HP：kimuraya1900.co.jp

Kimuraya

Kimuraya
est.1900
HOME MADE CAKES
SANDWICHES
AND
COFFEE
木村屋

「横濱屋」のハヤシライスは、ここでしか味わえない唯一無二の味。玉ネギを中心とした野菜の甘みとトマトの酸味、旨みが濃厚に溶けあいます。

　横浜で生まれ育ち、横浜を愛するマスターの佐々木正明さんはこの一皿を「愛を食す」と命名しました。

「祖母のレシピです。昔、横浜でアメリカ人が作っていたハッシュドビーフを元に、日本人の口に合うよう玉ネギをたくさん炒めて味を変えていった。僕は小さい頃、野菜嫌いだったので祖母がこれをジューサーで細かくして食べさせてくれた。祖母と母の愛情の味なんですよ」

　池波正太郎も鰻屋の帰りに横濱屋のカウンターに歴史の資料をひろげ、ハヤシライスとコーヒーの時間を過ごしていたそうです。

　一九八三年の開業以来、空間もメ

63 横濱屋

神谷町

ニューも変えずに続けてきたマスターは独自の哲学を語ります。

「俺の店は時代を追っていかない。喫茶店の流儀ってのはね、無理せずにその人の自然体でやるべきなの。大資本でやるならつねに情報分析し最新のお店を作らなきゃならない。でも、そういうふうに人気を得ても次の人に奪われるんだよ、飽きるから。うちは『マスター、三十年前と同じだね』と喜ばれる。でも精神は日々リニューアルしてるんだよ。七〇代にして店のSNSを始めたからね」

そんなマスターの魅力あふれるお喋りも、横濱屋ならではの強力な個性。「リピートしてもらわなければ喫茶店は成立しない」「正三角形を保っていれば潰れない」と語ります。その三つの頂点とは「雰囲気、味、俺」！――その通りでした。

よこはまや
港区麻布台 1-11-2 星野ビ B1F
Tel 03-3586-7486
10:00 〜 19:00、土・日・祝 12:00 〜 18:00
祝休＋不定休
HP：profu.link/u/yokohmahamaya
Instagram：@yokohamaya_master

menu
ブレンドコーヒー各種 750 円〜
ストレートコーヒー 各 800 円
ウインナーコーヒー 900 円
紅茶各種 700 円〜
ハヤシライス（コーヒー or 紅茶付き）1600 円
タルトタタン 800 円

第７章

ジャズ喫茶・名曲喫茶の時代

64

DUG

新宿

歴史はくり返す、というクリシェはジャズ喫茶にも該当します。六〇年代から七〇年代にかけて、革命を夢みる学生運動やアンダーグラウンド・カルチャーが熱を帯びた時期にジャズ喫茶は一世を風靡。やがてロック喫茶台頭の影で熱を失っていきました。

二〇〇五年に「DUG」のテーブルで、初代オーナーの中平《なかだいら》穂積《ほづみ》さんと、二代目を継いだ長男の中平塁《るい》さんのお二人にお話をうかがったことがあります。塁さんはジャズ喫茶をめぐる状況を次のように話してくれました。

「ジャズ喫茶が街から消えたのはジャズが聴かれなくなったからだとよく言われますが、僕はむしろ逆だと思っています。ジャズはいまや蕎麦屋でもラーメン屋でも気楽なBGMとして流れている。わざわざジャズ喫茶まで来なくても、どこにでもあるものになったのです」

その取材から約二十年。ジャズ喫茶は再び脚光を浴びています。主な理由はレコードの復権と、日本独自のジャズ喫茶文化に影響を受けたリスニングバーが海外に誕生していること。

日本を代表するジャズ喫茶のひとつとして再び耳目を集めるDUG。村上春樹や植草甚一、寺山修司や和田誠らが足繁く訪れ、来日したジャズミュージシャンが必ず立ち寄る場所となったその歴史は、六一年に穂積さんが新宿にジャズ喫茶「DIG」を開いたことに始まります。

六〇年、日大芸術学部写真学科の学生だった穂積さんは熱心なジャズファンでした。当時の住宅環境とオーディオ装置では満足に高価なレコードを堪能することがかなわず、東京や横浜のジャズ喫茶に出入りする日々。しかしどのお店もレコードのラインナップや音響が貧弱なうえに、コーヒーが致命

的にまずかったのです。

心ゆくまでジャズに没頭できる場所を求めた穂積さんは、DIGを開くにあたり高品位のサウンドを響かせる装置と自分が好きなコーヒーカップを揃え、友人の経営するコーヒー問屋に「一番いい豆を」と注文。開店早々に評判を呼び、連日長い待ち行列ができるお店となりました。

エネルギー渦巻く新宿に日本中から若者が集まったと言われる時代、作家の中上健次は『路上のジャズ』（中公文庫）のなかでこう語っています。

「……僕は卒業式も出ないで一九六五年に東京に来た。その日の夜、新宿に出て、高校の先輩が経営しているという〝DIG〟へ行った。そこでジャズを大きな音で初めて聴いて、言葉に言い表せない衝撃を受けたわけです」

当時のジャズ喫茶は会話禁止の厳粛な空間でしたが、穂積さんはカウンターに来て小声で曲名を訊ねる人には気さくにその詳細を教えていました。写真家としても活躍し、アート・ブレイキーの初来日を撮影したのを皮切りに、ニューポート・ジャズ・フェスティバルでジョン・コルトレーンを撮るなど実績を重ねており、最新の音楽情報にも詳しかったのです。DIGはジャズカルチャーの発信源としてシーンを牽引していきます。

六六年、紀伊国屋書店裏の地階にお酒と会話を自由に楽しみながら音楽が聴けるDUGをオープン。ジャズ喫茶が壁に古時計を飾るスタイルはこの店から始まったと言われています。ロゴは和田誠がデザイン。DUGの黄金時代の幕開けです。夜な夜な始まる即興ライブ。ミュージシャンたちの無数のエピソード。

七七年にNew DUGを開店。DUGは都市開発により何度か移転し、現在はかつてNew DUGだった地下一階の落ちついた赤煉瓦の空間で人々を迎えています。初めてでも臆する必要はまったくありません。六時間かけて抽出する水出しコーヒーを楽しむ人も、『ノルウェイの森』にちなんでウォッカトニックを注文する村上春樹の愛読者も、四十年ぶりに東京に来てDUGを探し回ったという紳士も、美しい音に包まれてリラックスしています。

壁に埋めこまれたスピーカーはJBLの名機。音響メーカーの山水《さんすい》電気にいた故・小林氏が自作した真空管アンプは、オーディオマニアのお客さまによる分解修理を経て健在です。

「空間と装置と音楽が一体となり、いまが一番やわらかい、いい音で鳴っています」と塁さんは満足げでした。

☕ ダグ
新宿区新宿 3-15-12 B1F
Tel 03-3354-7776
12:00 〜 23:30
※ 18:30 〜バータイム チャージ 500 円
無休
HP：dug.co.jp　Instagram：@dug_jazz.cafebar

menu
ブレンド珈琲 700 円
紅茶 700 円
アッサムミルクティ 700 円
ダグッドサンド 480 円
シナモンシュガートースト 350 円

65

いーぐる

四谷

「ジャズ喫茶が復活している。海外から訪れる人も増えた」と店主の後藤雅洋さんは語ります。

アメリカやヨーロッパでは、ジャズはもっぱらライブで聴くもの。静粛にレコードに耳を傾ける日本のジャズ喫茶独自のスタイルが「クールだ」と捉えられ、ジャズ喫茶にインスパイアされたリスニングバーが次々に登場しており、日本観光の折にジャズ喫茶巡りをする旅行者も増えたのです。

一九六七年＝ジョン・コルトレーンが死んだ年に開店して以来、真摯に音楽を傾聴するスタイルを貫いてきた数少ない正統派ジャズ喫茶「いーぐる」。二十一世紀に入って飲食店としての機能を充実させつつも、夕方六時までは私語禁止としています。

これがコアなジャズファンではなくとも快感なのです。テーブルに本と

コーヒーを置き、音楽を聴いたり文章を追ったりするうちに一種の瞑想状態に陥り、気がつけば言葉に没入しています。自分の小さなイヤホンを外して頭のてっぺんからつま先まで未知のいい音に浸る快感、ぜひ一度体感してみてください。

昼でも夜でも注文したいのがチリコンカン。後藤さんみずから二時間かけてつくるスパイシーなおいしさは、高校時代に六本木の「ハンバーガー・イン」で出会った味を試行錯誤して自分好みに進化させたもの。添えられたバゲットといっしょにどうぞ。ちなみにハンバーガー・インはＧＨＱのアメリカ人が開いた日本初のハンバーガーショップでした。

ジャズ評論家として活躍し、『ジャズ喫茶いーぐるの現代ジャズ入門』『ジャズ喫茶のオヤジはなぜ威張っているのか』ほか多数の著書を上梓してきた後藤さんは、時代とともにお店の利用法も人々の音楽の聴きかたも変化してきたと指摘します。

コロナ禍でリモートワークが推奨された数年間、いーぐるは在宅ワークの閉塞感に耐えられなくなった人々の良き避難所となり、それが現在も続いているのです。明るいコーヒーチェーンでは隣席のおしゃべりが気になってしまう人々が、大音量のジャズに守られた地下空間で安心して仕事や読書に没頭する姿に、「他人にわずらわされずに過ごせる空間が求められているのだと思う」と後藤さん。

パソコンの使用も「ひと昔前であればジャズ喫茶でパソコンを開くのはいかがなものかという雰囲気がありましたが、タイピングの音に気をつけてくれればかまいません」という寛容な姿勢のおかげで、音楽を聴きたい人とオフィスがわりに使いたい人が店内に共存しています。

「最近のお客さまは従来のように眦《まなじり》を決してジャズを聴くのではなく、いい意味でカジュアルに消費している。それはジャズを聴くリテラシーが高くなったことの表れ。パソコンに向かっていた女性がふと立ちあがり、かかっているCDのジャケットをスマホで撮影していくんですよ。音楽に無関心なわけではなく、なんとなく耳に入っているんですね」

秩父で開催されたジャズフェスティバルの聴衆の反応を見て、「日本のラッパーを目当てにやって来たファンたちは、来日したDinner Partyの演奏も積極的に楽しんでいた」

若い人々が音楽をボーダーレスに楽しむのが上手くなったのを感じるといいます。

往年のジャズ喫茶の様式に固執せず時代の変化を肯定的に捉える視線は、つねに現在進行形でジャズを聴きつづけ、伝統的なジャズからハードルが高いとして敬遠されがちな現代ジャズまでバランスよくリスナーに紹介してきた後藤さんならではだと思うのです。

ジャズ喫茶の意義はジャズという音楽のおもしろさ、すばらしさを伝えることだというのが後藤さんの信念。

「ジャズ喫茶のマスターの役割は編集者と同じ。もちろん、マスターの個人的な趣味やお客さまの雰囲気に合わせて音楽を選ぶ店があってもいい。そういうお店が大半でしょう。しかし、いーぐるでは自分の趣味を強制的に聴かせたり、お客さまのリクエストに応じたりするのではなく、音楽制作者の意図をわかりやすく伝え、幅広いジャズとリスナーの架け橋になることを第一に意識しています」

選曲にあたって重視するのは全体の流れ。曲のテンポや楽器の種類、新譜と旧譜を組み合わせて巧みに緩急の変化をつけ、ジャズに詳しくない人でも音楽の流れのなかで心地よく時間を過ごせる、そんなプログラムを膨大に用意しています。

そのため、オーディオ装置は多様なジャズアルバムに偏りなく対応し、聴き疲れしない自然なサウンドになるよう構成しているのでした。

後藤さんが学生時代に弱冠二十歳で喫茶店を開いたのは、半ばなりゆきだったといいます。少年時代は橋の模型づくりに熱中し、橋梁設計者になりたかったのだそう。

「橋はふたつの地点を結ぶという明快な目的を持っている。その構造には無駄がなく、合理性がかたちとなって目に見えるんです」

ジャズ喫茶を〝ジャズと人を結ぶ架け橋〟と位置づける人らしい少年時代だったのかもしれません。

土曜日の午後、不定期に音楽関係者をゲストに招いておこなってきた「いーぐる連続講演」は、なんと七百回を超えるという偉業を達成。ジャズ界の第一人者の気さくなトークとレコードを間近で聴ける貴重な機会として好評を博しています。二〇二四年四月からは「時空を超えるジャズ史」と題し、音楽評論家の村井康司さんとジャズの歴史を新しい視点から捉えなおす試みが始まりました。

大音量の喫茶店としても使えるし、ジャズを深める装置としても駆動する存在。ジャズ喫茶に新しい時代が到来しています。

menu

コーヒー 750 円　紅茶 800 円〜
ビール各種 800 円〜　グラスワイン 750 円
ウィスキー各種 850 円〜
チリビーンズとフランスパン 950 円
パスタ各種 900 円〜　ケーキ各種 500 円〜

いーぐる
新宿四谷 1-8
Tel 03-3357-9857
11:30 〜 23:20、土 12:00 〜 23:20
日・祝休
HP：jazz-eagle.com

hiroshima mon amour
isation Alain Resnais avec Emmanuèle Riva et Eiji Okada
Scénario et Dialogues Marguerite Duras
Production et Distribution Argos Films © 1959

66

映画館

白山

街に薄青い夕闇が下りる頃、映画のフィルムを模した看板に灯がともり、お店の窓や扉から路地に淡い光がこぼれているのは胸がかきたてられる光景。お店の文化的背景と歴史の厚みがその佇まいに滲《にじ》み、独自の存在感を醸しだしています。

一九七八年のオープン以来、国内外のお客さまに愛されてきた「JAZZ & somethin'else 喫茶・映画館」。七十八歳を迎えた店主の吉田昌弘さんが引退・閉店を検討していたところ、唯一無二の空間の存続を願う声があがりクラウドファンディングがスタート。目標額をわずか数日で達成し、二〇二四年十月からはクラウドファンディングの主宰者である放送作家のジェームズ・キャッチポールさんと、ジャズＤＪの大塚広子さんがお店を継承して新オーナーとなります。

艶やかなグランドピアノ型のテーブルと壁一面を埋める音響装置は驚くべきことに、ほぼすべてが吉田さんの自作でした。古い映画のポスターが原点を物語ります。吉田さんは映画人。この空間はまず「映画を志す若者が映画のシナリオ同人誌を出しながら映画上映を行っている喫茶店」として有名になり、日本のヌーベルバーグ映画の全作品を上映したのです。

その後、台形の空間を活用した音響の良さと貴重なレコードコレクション、吉田さんの人柄を慕ってジャズ好きが集まるお店に。

「近年ドイツで出版された書籍『VINYL WORLD』ではジャズ喫茶がjazz kissaと表記され、国際語になりつつあるのが嬉しい」と吉田さん。かけがえのない記憶は、言葉にも人の心にも刻まれることでしょう。

menu

コーヒー 600円
紅茶 600円
ビール各種 680円〜
ウィスキー各種 600円〜
スパゲッティ 700円
スペイン風オムレツ 750円

えいがかん
文京区白山 5-33-19
Tel 03-3811-8932
16:00~22:00
日・月・祝休
HP：jazzeigakan.com

67 On a slow boat to…

神保町

二〇二一年にオープンした〝敷居の低い音楽喫茶〟は音圧も店主の圧も柔らかで優しく、人々は気兼ねなく日常の時間を過ごしています。

店名は村上春樹の短編集『中国行きのスロウ・ボート』と、ジャズのスタンダードナンバー『On A Slow Boat To China』から。ジャズ批評誌でレビューを執筆してきた店主の白澤茂稔さんが素敵な由来を説明してくれました。

「slow boat to China という英語のイディオムは、非常にゆっくりしていることの喩え。遅いボートで海を渡って中国へ到着するには時間がかかるでしょう？ ですからここではどうぞごゆっくりお過ごしください」

〝to China〟ではなく〝to…〟としたのは、「行き先はあなた次第」の意味をこめて。その場に居合わせた人々と自分、それにコーヒーの香りがゆるく一体となってボートに乗りこみ、きらめく音楽の波に揺られている——そんなイメージが浮かんできます。

白澤さんは九十年代の吉祥寺で有名ジャズ喫茶「メグ」と自家焙煎珈琲店「もか」に出会い、ジャズとコーヒーに開眼。このお店では手廻しのロースターで自家焙煎するネルドリップコーヒーやチーズケーキ、キーマカレーが支持を集めています。カルダモンなど十七種類のスパイスを使い、大根とトマトの水分だけでペースト状に仕上げて寝かせるキーマカレーは、野菜のうま味と甘み、スパイスの複雑な香りが混然一体となったおいしさ。

ライブも多数おこなわれています。七月のある晩、私は満席の熱心な聴衆とともに中尾剛也さんと程嶋日奈子さんの音楽に耳を澄ませながら、東京の夏の夜の鼓動を感じていました。

menu

ブレンドコーヒー 700円〜　和紅茶各種 700円〜
ビール、ワイン各種 800円〜
キーマカレー 1000円　トースト各種 430円〜
キッシュプレート 1200円
レアチーズケーキ 600円
キャロットケーキ 800円

オン ア スロー ボート トゥ
千代田区神田猿楽町 1-5-20
Tel 03-5244-5655
火・水 11:30 〜 18:00、第3水 11:30 〜 22:00、
木・金 11:30 〜 22:00、土 12:00 〜 22:00、
祝 12:00 〜 19:00
日・月休（祝日の場合営業、翌火休）
HP：slwboat.com　Instagram：@slwboat

68

ロンパーチッチ

中野

小さなバス停を思わせる看板に近づいてよく見れば、レコードのLP盤のかたちをしています。記されている停留所の名前は「rompercicci《ロンパーチッチ》」。二〇一一年にオープンしたこのお店が新しい風の吹くジャズ喫茶として注目されているのはなぜでしょうか。

　初めて訪れた日、なんとなく旅先の国境でバスを待つような気分になり、センスのいい書物を揃えた本棚から一冊を選んでコーヒーとカレーを注文したらまことに快適な一時間が待っていました。

　カフェ好きの人にも好まれそうな、窓の明るい魅力的な空間。きちんと手順を踏んで抽出されるコーヒーは小さなお菓子付き。スパイスが香るカレーに、キャロットラペとピクルスのすっきりした酸味。聴いたことのない音楽の刺激。心地よい距離を保った接客。静かに自分の時間を過ごしたい人にとっては最高の環境なのです。

　喫茶店が健やかに存続するために重要なのは、お店が提供するものとお客さまが求めるものが一致すること。ロンパーチッチの入口には、おしゃべり、イヤホンやヘッドフォン、パソコンはご遠慮くださいというお願いが掲示されており、それらを目的とする人が間違えて足を踏み入れてしまう不幸な事態を未然に防いでいました。

「中野は人が多い街なので、みんなに高評価をいただけなくても全体の一パーセントくらいの人に気に入ってもらえればなんとかやっていける」

　店主の齊藤《さいとう》外志雄《としお》さん・晶子《あきこ》さん夫妻はそう言って笑います。入店ルールを設けていることから気難しい店主かと勘違いされることもありますが、お店のSNSから伝わってくる通りのおかしみと優しさを湛えた口調、率直な物言いはとても愉快。

「企業で働いていた約十年間、会社勤めが向かなくてストレスのはけ口としてジャズのレコードを買いつづけていた」という外志雄さんと、二十歳過ぎて目撃したマル・ウォルドロンのライブからジャズに傾倒していき、超硬派と呼ばれた「A&F」でアルバイトをしてジャズ喫茶の魂のようなものに触れたという晶子さんは、東日本大震災をきっかけに「いつかは」と漠然と考えていた開店計画を実行に移しました。

「震災が原因で近所に空き物件が出て、のぞいてみたらカフェのような空間が作りかけのままになっていた。即決して会社を辞めました」

　すでに完成していたカウンターには、座った人と目線が合って会話が発生しないよう低い天板を追加。余談ですが、初めて入った喫茶店ですばやくお店の姿勢を読みとるには、カウンターの有無を確認するのが定石です。もしお店の人と向きあうカウンター席がにぎわっていれば、その一画はコミュニケーション歓迎の店主と常連客たちの社交の場。カウンター席が存在しなければ、店主はお客さまと距離を保ち、さらりとした関係でいたいと考えているのが一般的です。

齊藤さん夫妻は自身の体験から、いつ行っても謎のおじさんが居座っていて自分の健康状態を語っているお店や、マスターの親切心から「ジャズがお好きなんですか?」などと声をかけられ、なにか言わなくちゃいけないのかなと精神的負荷がかかるようなお店に違和感を抱き、お店とお客さまのあいだに密なコミュニケーションが発生しないスタイルを選択しました。

開店当時はルールを決めていなかったそうですが、お店にアドバイスをして承認欲求を満たそうとするオーディオマニアやジャズマニア、お店をこころの相談室がわりにする人々の存在に悩んだあげく、段階を経てルールを掲示することにしたとか。結果的にはお店がお客さまを選び、お客さまもお店を選ぶという至極真っ当で平和な世界が生まれました。

外志雄さんのレコードの選曲は、流行とは無関係に意外な掘り出しものに出会える「びっくり箱的なおもしろさ」があり、音楽関係者からも高く評価されています。インスタグラムに投稿される外志雄さんのレコード評も独自の視点で楽しいのです。店頭で解説するかわりにSNSで自在に発信できるのは、現代のジャズ喫茶ならでは。

「聴きたい音楽は Sportify などで聴け

menu

コーヒー 600円　紅茶 600円
ワイン、ビール各種 600円〜
ウィスキー各種 750円〜
ひよこ豆とひき肉のドライカレー 850円
ペンネ各種 850円〜
ガトーショコラ 450円（セット 950円）

ロンパーチッチ
中野区新井 1-30-6-102
Tel なし
11:00 〜 23:00
月休（祝日の場合は営業、翌火休）
HP：rompercicci.com
Instagram：@rompercicci

てしまう時代、ここに来れば自分の網に引っかからなかった曲が流れてくる」――帰りがけにそんな感想を伝えるお客さまもいるそう。

ロンパーチッチに新鮮な風が吹いているのは、店主夫妻が抱いてきた違和感と、それを解消しようとする真摯な努力の賜物なのかもしれません。

頭木弘樹のエッセイ『口の立つやつが勝つってことでいいのか』（青土社）のなかに、学校についてもっとも深いルポを書ける生徒は誰か、という一節があります。それは学校にうまく溶けこめるクラスの人気者ではなく、不登校の生徒でもない。学校に違和感をおぼえながら、それでもなんとか通っている生徒こそが、学校の実態をもっともよく知る人間。この小さくて素敵なジャズ喫茶は、今後も違和感を大事にしながら歩んでいくことでしょう。

69

名曲喫茶ライオン

渋谷

二階
三階
喫茶室
御入口

クラシック音楽に耳を傾けて過ごす名曲喫茶という様式は、まだ蓄音機やレコードが貴重品だった時代に日本で独自に発達したもの。渋谷の路地にひっそりした佇まいを見せるライオンは、喫茶遺産として永遠に保存できたらと願わずにはいられない、奇跡的な姿をとどめています。

初代店主の山寺弥之助《やまでらやのすけ》さんは、会津若松の裕福な造り酒屋の一人息子として誕生。画家を志して上京し、母親と二人で喫茶店を始めました。店名は当時ロンドンにあったベーカリーの名前。そのお店で修業した親類がパンづくりとコーヒーの淹れかたを伝授したそうです。

創業の一九三六年当時の建物は惜しくも東京大空襲によって全焼してしまいましたが、進駐軍が置いていったレコードを露天商から買い集めるなどしてこつこつと音源を揃え、戦前と同じデザインで地下一階、地上三階の壮麗な喫茶建築を再建。すべて山寺さんがまだ見ぬヨーロッパに想いを馳せて設計したものです。

半世紀以上の歳月を経た階段をのぼっていくと、二階の意匠は天井のアーチや柱の装飾がロマネスク教会を思わせたり、古城のようであったりして眺め飽きることがありません。かつてこんな情熱を胸に宿して、焼け跡に夢を再建した人がいたのですね。

吹き抜けにそびえる巨大な音響装置と、光の粒が連なるシャンデリア。静謐な空間を蒼い光が幻想的に照らしています。

「ブルーの照明は瞑想的で曲想をふくらませるといって、初代がこだわったのです」と、三代目店主の石原圭子《いしはらけいこ》さんが話してくれたことがありました。

二代目は山寺さんの義弟である石原宗夫さんが継ぎ、没後は妻の圭子さんが継承。現在は圭子さんの息子である山寺直弥さんが調度品の修理を重ねながらライオンの灯をともしています。

「五十年前に通われたお客さまが来店して『そのまま残ってるんだね』と感動してくださる、その雰囲気を壊したくない」と山寺さん。

「木造建築としての耐用年数はもう過ぎていると思いますが、創業者が近代的な工夫を施した部分は随所に見られます。たとえば窓はガラスを二重に入れ、防音に配慮してあります」

大型台風が直撃したときには、窓ガラスが割れて風圧で天井が吹き飛んでしまうのを恐れ、ひと晩中ここに泊まって見守っていたそう。創業者が刻んだライオンの美しいレリーフが、そんな日々を見守りつづけています。

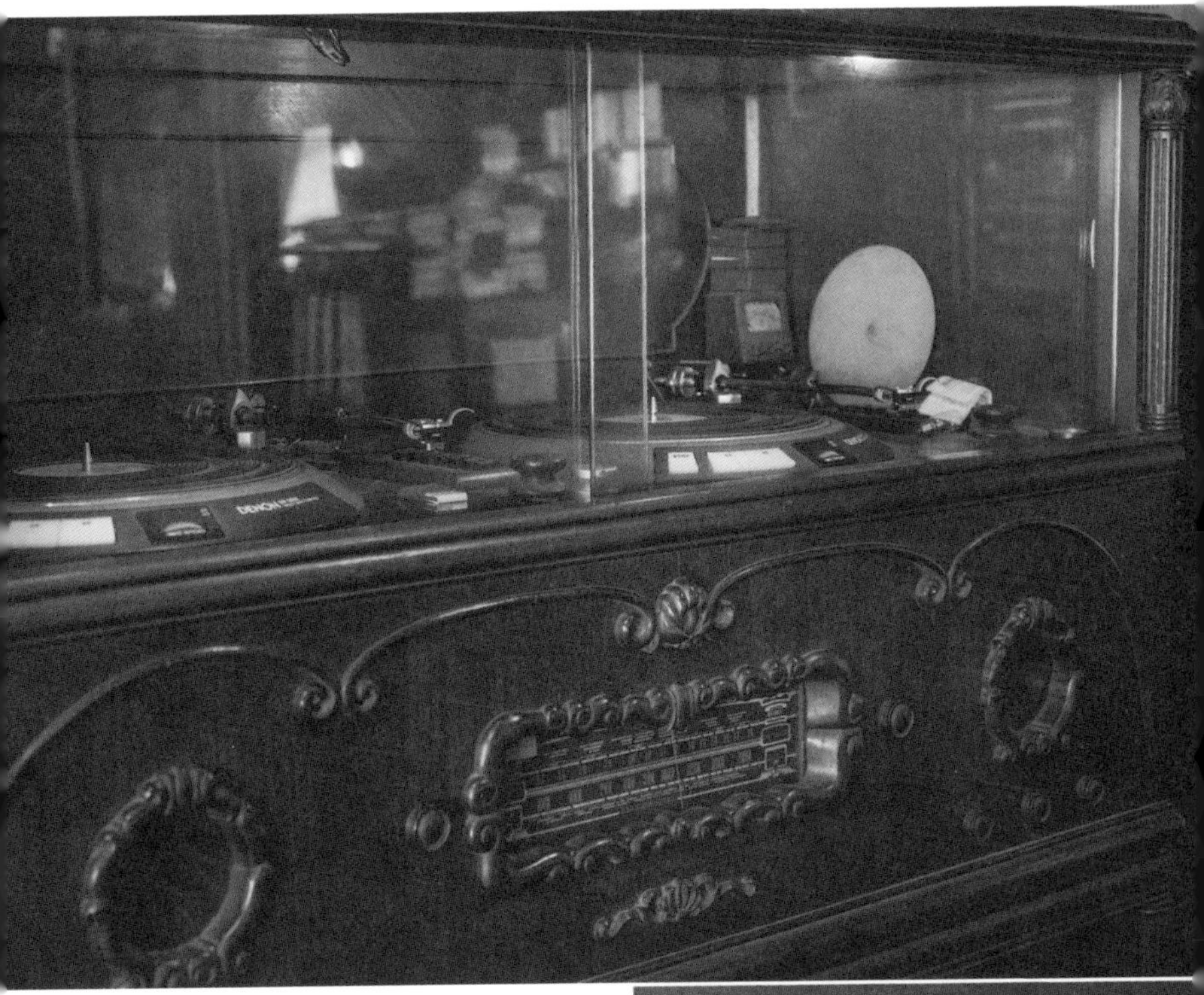

menu

コーヒー 650 円
レモンティー、ミルクティー 各 670 円
抹茶 670 円
ミルクエッグ 820 円
レモネード 820 円
クリームソーダ 820 円

めいきょくきっさライオン
渋谷区道玄坂 2-19-13
Tel 03-3461-6858
13:00~20:00
無休
HP：lion.main.jp

70 バロック

吉祥寺

レコード室の横に美しく活けられた百合の花。マッチのラベルには初代店主、中村《なかむら》数一《かずいち》さんの横顔と「クラシック音楽鑑賞店 バロック」の文字。一九七四年創業、かつては私語厳禁で日本一厳しいと噂された喫茶店は、半世紀を経た現在もその心臓部に音楽を愛する魂を保存しているようです。

九一年、店主が鬼籍に入ってから三十年以上お店を経営してきたのが妻の幸子《さちこ》さん。閉店しなかったのは、貴重なレコード・コレクションと、数一さん自作の真空管アンプや二〇年代の英国製蓄音機が響かせる音の素晴らしさを惜しむ常連客たちが、手厚く協力してくれたからだといいます。

「名曲喫茶と呼ばれますが、主人はよく『名曲ばかりじゃないぞ』『うちの音響装置は演奏者の音をそのまま表現するから、ひどい音も出る』などと言っ

たものです。ただきれいな音が出ればいいという作りかたではないんです」

音楽に没入したい人にとっては優しい楽園ですが、リクエストした曲を聴かずに読書などしている人には「それなりの仕打ちをします（笑）」

フルトヴェングラーに表情が似ていた数一さん。頑固で口が悪く、でも小さなことでもお客さまに質問されれば嬉しく思うようなお人柄だったそう。

幸子さんの愛聴盤、「現代とは演奏スタイルも音もまったく違う」というヴァイオリニスト、エルマンの愛奏曲集を聴かせていただきました。昨今の厳しい原典主義とはかけ離れた、蜂蜜のように甘美で十九世紀的にロマンティックな演奏は驚くほど胸に迫り、このお店のようだと思ったら涙があふれてきて、微笑する幸子さんにティッシュペーパーを手渡されたのでした。

バロック
武蔵野市吉祥寺本町 1-31-3
Tel 0422-21-3001
12:00 〜 21:00
火・水・木休
HP：baroque1974.com

menu
ブレンド 800 円
モカ 850 円
キリマンジャロ 850 円
紅茶 800 円
ココア 900 円
オレンジジュース 900 円

71

ヴィオロン

阿佐ヶ谷

一九四五年から二〇〇五年まで中野駅北口近くの小路にあった伝説の名曲喫茶「クラシック」。私はその軋《きし》む階段を上がり、真っ暗な三階の片隅の凹んだ椅子に座って卒論を書きました。暗闇に目が慣れれば、周囲は不思議な物体ばかり。店主にして画家だった故・美作七朗《みさくしちろう》さんが洗面器を利用してつくった蓄音機など、芸術的発明品に囲まれていたのです。

一九八〇年創業の「ヴィオロン」は、クラシックの音響装置を手がけた寺元健治さんの名曲喫茶。いわば中野クラシックの遺伝子を受け継ぐ一軒です。

寺元さん自作の真空管アンプやスピーカー、アメリカ製蓄音機の最高傑作と言われるビクトローラ・クレデンザが鎮座する重厚な空間は、どの席に座っても濁った水が上澄みと沈殿物にわかれていくようなクリアな思考になり、書きものや読書がはかどるのもクラシックと同じです。

「私は家出して佐賀県から上京し、美作さんに拾ってもらったんですよ」と寺元さん。壁のぐるりには美作さんの絵画作品が多数飾られています。クラシックの建物が解体される際に捨てられかけたものを集め、修復して額装したのです。遠い昔の恩義を忘れることのない姿勢に頭が下がります。

奥の小さな一角にはクラシックの一角にあった席と装飾品を移築。硬くて〝地獄の椅子〟と呼ばれていたその椅子に座り、思わず涙する往年の常連客もいるそう。

美作さんの作品は近年再評価されており、遺作展にはクラシックに通うひとりだった作家、五木寛之が「美作さんの絵は優しい」に始まる文章を寄せています。

menu

コーヒー 500 円
紅茶 500 円
ココア 500 円
自家製ケーキ 250 円

ヴィオロン
杉並区阿佐谷北 2-9-5
Tel 03-3336-6414
12:00 〜 17:00、Live Time 19:00
火休
HP：meikyoku-kissa-violon.com

CLASSIC
VIOLON

第8章

喫茶文化の継承

72

中野ブリック

中野

割れたうつわに金継ぎを施して長く使いつづけること。近年、それを美しいとする価値観が広まってきたように、老朽化した建築物を保存活用する試みがあちこちで注目されるようになりました。閉店する古い喫茶店を継承し、新たな生命を吹きこもうとする動きもそのひとつ。さまざまな継承のスタイルに出会うことができます。

「中野ブリック」は歴史あるバーが喫茶店とバーとして復活した好例です。元のクラシカルな内装を残したまま改修し、一階はお酒中心、二階は喫茶中心のフロアとして昼間から営業。プリンやナポリタンを楽しむ若い人々、ハムカツを肴にハイボールやビールを楽しむ人々が各階でくつろいだ表情を見せています。

中野ブリックは一九六四年に開店し、トリスバーとして昭和のバー文化、ハイボール文化の醸成に一役買ってきた存在。長らく中野駅北口に迷路のようにひろがる居酒屋街のランドマークとなっていましたが、二〇二〇年にコロナ禍により休業、そのまま惜しまれつつ閉店となりました。

知らせを聞いた知人は「三十年前、

大学合格のお祝いで予備校の恩師に奢《おご》ってもらったのがブリックだった。『きみはマティーニを注文しなさい』と言われたのを覚えています」と語り、中央線沿線の名店三軒をはしごしたその体験を「酒の嗜《たしな》みかたを教わり、人生を方向づけた夜だった」と回想しました。粋な大人たちがどのようにバーを愛し、その文化を次の世代に伝えたかがうかがえますね。

煉瓦《ブリック》の外壁をもつ建物が閉店後三年ものあいだ解体されずに残っていた理由はなんだったのか。それはブリックを創業した亡きオーナー、須藤芳典《すどうよしすけ》さんの願いを受けて、長女の竹内るみ子さんと三女の須藤利佳さんが空間と名前を復活させてくれる新経営者を募り、ていねいな改修工事を進める時間だったのです。

お二人と新オーナーの中島康善さんにお話をうかがうことができました。

「父の須藤芳典は、大学生だった二十歳のときに親の所有する銀座の物件に最初のブリックをオープンしました。当時サントリーはトリスウイスキーを世に広めるため、トリスバーという新しい業態を検討していたそうで、サントリーの役員のかたが視察に来て気に入り、銀座ブリックをトリスバーに認定したのです。五一年のことでした」

その成功を受けて八重洲や渋谷などに六店舗のブリックを展開。なかでも須藤芳典さんが細部までこだわり抜いてつくったのが中野ブリックでした。一階の天井の一部を自分で塗って左官職人に手本を見せ、同じように塗ってほしいと指示するなど、思い入れのあるお気に入りの空間だったのです。

「当時のサントリー社長、鳥井信治郎氏が来店され、『女性がお酒を楽しむ場所ができて嬉しい』とおっしゃったことを父はとても喜んでいました」

数々の逸話を生んだ空間の新しい担い手として名乗りを上げた中島さんは、代官山でロースタリーカフェ＆ビストロを経営しています。

「高校時代を中野で過ごしたこともあり、ブリックさんのお話を聞いてすぐ決心しました。解体されたら二度とつくれない貴重な古い建物を、可能な限りそのまま活かしていきたい」

かつてカウンターに立っていた、白いベストに蝶ネクタイの寡黙な老バーテンダーは、カジュアルな服装の親切なスタッフに替わりましたが、新たに喫茶店としての楽しみが待ちうけているのは嬉しい限り。

「止まっていた時間が動きだしたように感じています」と、るみ子さんと利佳さんは静かに微笑しました。

なかのブリック
中野区中野 5-61-3
Tel 03-5942-6685
12:00 〜 23:00（cafe time12:00 〜 16:00）、
日・祝 12:00 〜 22:30（cafe time12:00 〜 16:00）
不定休
Instagram：@brick.nakano

menu
ドリップコーヒー各種 550 円〜
クリームソーダ各種 748 円
本日のランチ 2 種 1078 円〜
ナポリタン 935 円
あんバタートースト 550 円
クラシックプリン 550 円

73

茶房 武蔵野文庫

吉祥寺

さらっとしたカレーの中に横たわるジャガイモの存在感。スプーンの先でほろほろほぐれる鶏肉。小麦粉を丹念に炒めてつくるカレーは「茶房 武蔵野文庫」の名物です。レシピはかつて早稲田大学そばにあった「茶房 早稲田文庫」の店主直伝。早稲田文庫は学生や井伏鱒二、五木寛之らに親しまれましたが、一九八四年、建物老朽化により閉店。スタッフとしてそこで働いていた日下茂さんは、店内の貴重な蔵書や美術工芸品、井伏鱒二の書、カレーなどのレシピを受け継いで翌八五年に武蔵野文庫を開いたのです。

二〇二四年、日下さんの引退によりお店を譲渡されたのが齋藤園佳さん。縁もゆかりもなかったものの、後継者が現れなければ廃業という情報を聞いて新経営者に。一か月間、日下さんにつきっきりで厳しい実地指導を受けて往年の味を忠実に再現し、古くから通うお客さまにも歓迎されています。

「『お客さまを見て何を求めているか理解しろ』と日下さんに怒鳴られたりもしましたが、いつもユーモアと愛情があって、もう父親のよう。早稲田文庫の店主もそうだったと聞きました。最後の日に『あとはあなたが好きなようにやればいい』という言葉をいただき感激しました」と齋藤さん。

日下さんのお話では、宮崎駿監督も一時期は毎日のように来店してカレーを食べていたそう。ジブリの最初のスタジオは、武蔵野文庫と同じビルの二階にあったのです。「当時うちはジブリの応接間みたいになってたんです」

井伏鱒二の孫が訪ねてきたこともあったといいます。幾多の人の記憶が堆積した琥珀色の空間に、いま、新たな時間が流れはじめました。

menu

コーヒー各種 650円〜
紅茶各種 650円〜
季節の自家製ジュース 700円〜
カレーセット 1300円〜
トースト各種 550円〜
レモンケーキ 500円

さぼうむさしのぶんこ
武蔵野市吉祥寺本町 2-13-4
Tel 0422-22-9107
10:00 〜 21:00
月・火休
HP：sabo-musashinobunko.jimdofree.com

しそジュース
れもんケーキ

Parmesan

74

喫茶・村田商會

西荻窪

各地で惜しまれつつ歴史に幕を下ろしていく小さな喫茶店たち。「村田商會」はそこで使われていた家具や食器を引き取ってネット販売しています。

　店主の村田龍一さんは学生時代から喫茶店という空間に心惹かれ、全国二千軒もの喫茶店探訪を続けてきました。愛着のある一軒が閉店するとき、椅子とテーブルを一組譲りうけたのがこの仕事を始める端緒となりました。

「経年劣化した家具はリサイクルショップなどでは引きとってもらえないことが多く、閉店後はみな捨ててしまうと店主に聞いて、あまりにもったいないと感じて譲ってもらったんです」

　時間を経て色褪《いろあ》せ、傷がついた喫茶店の家具に魅力を感じる人間は自分のほかにもいるはず――そんな思いからオンラインショップをスタートしたのでした。

menu
コーヒー 500円　紅茶 500円
スパイスチャイ 650円　クリームソーダ 650円
自家製プリン 400円
レアチーズケーキ 450円

きっさ むらたしょうかい
杉並区西荻北 3-22-17
Tel なし
12:00 〜 19:00　月・火休（臨時休業あり）
HP：muratashokai.theshop.jp　Instagram：@muratashokai

傷みの激しい家具は修理しますが、どこまできれいにするかの判断は難しいそう。ぴかぴかにしてしまっては、肝心の味わいが消えてしまうから。

販売ページを眺めていて驚くのは、その喫茶店の歴史、村田さん自身がお店を訪れたときの記憶などが丹念に心をこめて綴られていること。モノに物語を添えて次の人に渡したい――そんな思いが確かに伝わってきます。

二〇一八年に西荻窪に開いた喫茶店兼販売所も、元は「POT」として四十五年にわたり愛されてきた喫茶店をほぼそのまま活用。十字路に面した軒先や店内に、販売中の中古家具や食器の一部が並んでいます。懐かしい風合いのシュガーポットやグラスがきらめくコーナーもあり、プリンを食べながら眺めていると、ふと幼年時代の記憶が脳裏に点滅したりもするのです。

75

喫茶サテラ

渋谷

高齢になって引退する経営者から若い経営者に喫茶店のバトンが渡されるとき、長く愛されてきた空間のなにを残し、なにを新しくするのか。そこに新経営者が〝喫茶店のツボ〟をどう解釈しているかが鮮明に表れます。とある喫茶店の古色を帯びた木の扉が、リニューアルで真っ赤に塗られてしまった衝撃と落胆は忘れられません。

洗練されたセンスで嬉しい驚きを与えてくれたのが二〇二〇年に開店した「喫茶サテラ」です。青山通りに面したオフィスビルの一階で、四十八年にわたり夫婦で営まれてきた喫茶店「青山茶館」。その閉店を惜しむ人々が物件を引きつぎました。

カウンターや魅力的な装飾のある戸棚、椅子、パーティションの柱などを継承しながらも、印象はより端正に変わっています。ひとことで言うならば、キャラメル色から渋い黒褐色へと変色。以前はガラス窓ごしに無機的な蛍光灯のついた廊下が見えましたが、窓の面積を狭くして薄いカーテンを引くことで外界を遮断。仄暗く落ちついた空間に美しいランプが並びます。パーティションの一部はテーブルの脚として再利用されていました。

待ち行列ができる人気の理由は、アップデートしたコーヒーとプリンのおいしさ、話し好きだという若いスタッフの接客にあります。青山茶館で好評だったカラメルクリームプリンは、サテラではパウンドケーキ型を用いた四角いプリンに。クリームチーズと練乳の味わいが格別です。

Wi-Fiが使えるいっぽうで、カウンターをはさんでおしゃべりがはずむ。新旧の魅力をあわせもつ、令和の喫茶店の風景がここにあります。

menu

コーヒー各種 600 円〜
カフェラテ 650 円
オレグラッセ 700 円
ドリア 1000 円
プリン 700 円
期間限定プリン 800 円〜

きっさサテラ
渋谷区渋谷 1-7-5 青山セブンハイツ 1F
Tel 080-8444-4243
11:00 〜 19:00、木 8:00 〜 19:00、
金 11:00 〜 18:30、金夜 19:00 〜 22:00
（L.O.30 分前） 不定休
HP：satella.coffee　Instagram：@kissa_satella

76

喫茶ネグラ

下北沢

印象的な壁紙を背景に、薄紫色や桜色など繊細で夢みるような色調のクリームソーダを愛でる人々。二〇一七年にオープンした「喫茶ネグラ」は、純喫茶のアイコンであるクリームソーダを楽しみに喫茶店をめぐる人々のあいだで、完成度の高い〝ネオ喫茶店〟として知られています。ナポリタンなどの食事メニューも充実しており、空腹をおぼえたときも頼れる存在。

若い世代が昭和レトロや平成レトロなどそれぞれ心惹かれる時代をテーマに、伝統的な喫茶店を再解釈してつくる〝ネオ喫茶店〟は、彼らにとっては体験したことのない思い出、未知のノスタルジーが漂う空間です。

目を凝らせば昭和レトロの範疇から逸脱するような多様なアイテムが同居しているのが、喫茶ネグラの一筋縄ではいかない魅力のひとつ。店主の古谷愛実さんは美大生時代から下北沢で古着や古道具を探して街歩きをしてきたセンスで、この空間を「まとめすぎず、絞りすぎず、色の明度と彩度のバランスを考えて」仕上げました。

意外なことに、愛着を感じる喫茶店は地元にあったチェーン店「シャノアール」だといいます。半個室的な空間の居心地、おしゃれしていなくても行けるリラックス感、街が繁栄に向かっていた時代の空気感の名残りに惹かれていたのでした。

喫茶ネグラでも各テーブルを仕切るパーティションが、周囲の視線を気にせず落ちついて過ごせる魅力的な〝穴ぐら感〟を生みだしています。なんだか駄目な自分でも、今日のところはまあいいか……そんな気持ちにさせてくれるのは、昭和の喫茶店もネオ喫茶店も同じですね。

menu

コーヒー各種 680円〜
クリームソーダ各種 850円〜
アルコール各種 650円〜
ナポリタン（スープ、サラダ付き）1350円
トースト各種 850円〜
チョコレートパフェ 1050円

きっさネグラ
世田谷区北沢 2-26-13 パッケージワン 1F 北側
Tel 03-6361-9874
11:00 〜 22:00（L.O. 食事 21:00、ドリンク 21:30）
不定休
Instagram：@negura.ma

喫茶
ネグラ
OPEN

二〇二二年オープンの「喫茶東京郊外」は、昔ながらの喫茶店と現代のカフェのハイブリッド。外観はスタイリッシュなカフェのよう。されど扉を開けて足を踏み入れれば、ノスタルジックなビロード風の赤いソファが並ぶ喫茶店。アーチを描く壁が巧みに空間を区切ります。古い飲食店の居抜きかと思いきや、倉庫物件をスケルトンから改修したのだそう。

メニューにもカフェらしさと喫茶店らしさが同居します。レトロなデザインのエスプレッソマシン「FAEMA」が活躍するいっぽうで、喫茶店の王道メニューが勢ぞろい。共同経営者の遠《えん》藤《どう》拓《たく》也《や》さんと越《お》智《ち》仁大《よしひろ》さんが試作を繰り返してたどりついた、こだわり満載のおいしさです。たとえばナポリタンの秘訣は、高火力でケチャップにしっかり火を入れて酸味を飛ばすこと。パ

77 喫茶東京郊外

亀戸

ンチを効かせるためにカレー粉を隠し味に加えています。

　千葉県市川市で生まれ育ち、趣味のヴィンテージバイクを通して親しくなった二人。想像力を刺激する魅力的な店名は、都心からほどよい距離にある街ならではの空気感が亀戸にも漂っていることから名づけました。

「コンセプトは〝十年後に完成する喫茶店〟。バイクにも喫茶店にも共通する、古くから続いてきた文化が好きなんですが、昔の喫茶店をいま作るにはレトロ感を演出しなければならない。古い家具をとり入れながらも〝いまっぽさ〟を大事にして、十年経った頃に『やっと望んでいた喫茶店らしくなったね』と実感できるくらいがちょうどいい」と、時間の流れを織りこんだお店づくり。この空間に月日が降りつもっていくのが楽しみなのです。

menu

ドリップコーヒー 500円
ラテ 600円　和紅茶 550円
オムライス 1000円
ナポリタン 1000円
ホットドッグ 500円
プリン 550円

きっさとうきょうこうがい
江東区亀戸 8-19-3　Tel なし
11:00 ～ 22:00（L.O.21:00）　不定休
Instagram：@tokyo_kogai

大坊勝次氏（大坊珈琲店）×長沼慎吾氏（ねじまき雲）×川口葉子

三角往復書簡

喫茶店やカフェを取材して文章を書く日々に、私が大きな影響を受けてきたのが大坊さんと長沼さんでした。珈琲店とはなにか。静かな店主の流儀。一杯の珈琲を介して相手を推しはかる、淡い交流の美しさ。いつも大上段に構えることなく語ってくれるお二人に、限りない敬意を抱いています。

長沼さんが大坊珈琲店について語る言葉にもまた魅力と発見があるため、大坊珈琲店の閉店後にお二人の対談を打診したところ、話が転がって三人のあいだで手紙を順に回して珈琲店や珈琲について綴る「三角往復書簡」を始めることになりました。のんびり気ままに続けられた手紙のやりとりの中から、お二人のお許しを得て、一部を抜粋して掲載させていただきます。

大坊勝次　だいぼうかつじ

一九四七年岩手県生まれ。七五年に「大坊珈琲店」を開業し、手廻しロースターによる自家焙煎とネルドリップで多くの深煎り珈琲ファンに愛された。二〇一三年、老朽化によるビル取り壊しのため惜しまれつつ閉店。その後も招きに応じて全国各地のイベントで自家焙煎珈琲を淹れ、また珈琲の道を志す若い人々に自身の方法を伝えるなどの活動を続けている。著書に『大坊珈琲店のマニュアル』（誠文堂新光社）ほか。二〇一一年版『東京の喫茶店』には「コーヒーをおいしくする本の効能」と題したエッセイを寄稿していただいた。

長沼慎吾　ながぬましんご

一九七七年北海道生まれ。二〇〇六年、青梅市に自家焙煎珈琲店「ねじまき雲」を開業し、一二年に国分寺に移転（本書138ページに掲載）。珈琲修業中に名店と呼ばれる自家焙煎珈琲店の数々を訪ね、良き客人のひとりとして過ごす。なかでも大坊珈琲店の珈琲と店主の姿勢を敬愛し、大坊勝次氏と親交を深めてきた。

長沼慎吾……二〇一五年三月

大坊珈琲店はカウンターのあるお店です。はじめて訪れた時から暫くは、いつも同伴者を伴い窓際の二人席に座っておりましたが、いつからか一人でカウンター席に座らせて頂くようになりました。大坊さんの技術を盗もうとか、何とか聞き出したいことがあるわけではありません。ただただ、珈琲が飲みたかったのです。

そして、大坊珈琲店とは、ただ珈琲を飲むことを許して下さる貴重なお店でした。それが、声なき問答を与えてくれました。勝手に私が妄想するのですけど、それがとても楽しかったのです。目を凝らすと「何故?」が、ひらひらとお店に隠れているように思えました。

例えば客席上の、煮しめて全てが一体化したような文庫本たち。「これは読んでもいいものかしら?手に取った瞬間、本が連なり落ちて大惨事になるかもしれないゾ。それに椅子から立って手を伸ばす行為は、お店の均衡を崩すかもしれない。第一、無言でそれをすることは難しい。池波正太郎ばかりなのは何故だろう。よし!まずは自分で池波正太郎を買ってみよう」という小心具合です。

ある日、私の隣の席の女性が「読んでもいいですか?」と事も無げにスッと本をお取りになりました。

「えっ! そんな簡単に訊けるの? 落ちるかもしれないのに!?」とそれを横目にバクバクと心臓が波打ったものですが、当たり前に世界は全く平静のまま何も起きませんでした。

そんな訳で当店には、池波正太郎の食に関する文庫本がかなりあります。それを読んでは「ハァそうか……店と客の在り様。料理の味や粋やたしなみ。人間というものがこと細かに描かれている。だから大坊さんにはこの本があったのか!」とフムフム独り勝手に納得するのです。

実際には全く違う意図がおありだったとしても、答えを聞かないことで、勝手に答えを探させていただけるカウンターが、そこにはありました。

時は流れ、私というねじまき雲のネジは、大坊さんに認知され、むっつりと無言でカウンターに座ることが出来なくなりました。その代わり、大坊さんからお言葉を頂ける有難い時間がはじまりました。

中でも深く心に残ったのは、二〇一一年、私が移転のため青梅の店を閉める決断をした時のことです。その噂を耳にされた大坊さんが、カウンターの中でスウッと私の前に身を乗り出されますと「お店、お辞めになるんですか?……私は、反対です」と低く絞ったお声ながら力強く仰いました。脇から汗がドッと吹き出しました。

「何年、お店をおやりになりました?五年……と言いましたら、花の種が。種から芽を出して。茎が伸びて。葉がついて蕾が出来て、今、花を咲かそうという。今、そういうところじゃないですか。色々事情がおありかとは思いますけど、私は、反対です」

そう優しくカウンターに手を置かれ、こう付け加えられたのです。

「辞めては、ダメです。お金のことも含めて、何か、解決方法は、あるはずです。もし移転されるのでしたら、今まで支えて下さった方々、お客様に失礼のないかたちでされるのが、一番よいことだと、私は思います」と微笑まれました。

＊

大坊珈琲店とは、私にとって思考を巡らせることの出来るカウンターでした。そして未来への忠告や前兆の言葉を受け取ることの出来る場でした。

それが二〇一三年に、消えました。

無礼ながら正直、「私に辞めるなと言っておきながら、ズルい」と思いました。しかし三十八年という月日の深みをたたえた場所を、どうにもならない不本意な理由で手放さなくてはならない哀しみ。ではまた別の場所で新しく、という選択が容易ではないのは、馬鹿な私でも流石に察することが出来ます。

大坊珈琲店は無くなりました。しかし川口さんの問いであるこの一年、私の頭の中には、前にも増して大坊珈琲店が棲んでいるような気が致します。あまり意識し過ぎてはいけないのですが、何かをしようと思うと、「それは……どうかしら?」と頭の中の大坊珈琲店が問いかけてきます。

大坊勝次………二〇一五年三月
珈琲店は決して店主のものではない。珈琲店はそこに来る一人一人のものだ。

一人一人の何かが充満する場所。

人の思いは計り知れない。立ち入ろうとしてできるものではないし、わかろうとしてわかりうるものでもない。そういうものが密集している。

毎朝、扉を開けます。珈琲店は始まります。私にできることはコーヒーを作ることだけです。それでも目と目は合う。顔を見る。同じ場所にいる。人に寄り添う。珈琲店に休みはありません。魂の乱舞。夜、扉は閉じられます。

＊

私はたくさんの人を思い浮かべるこ

とができます。当然珈琲店に来てくれた時のことを思い浮かべます。一言でも交わした言葉や、言葉はなくてもその時のコーヒーの味のことなどを思い浮かべます。味に合点してくれるのか失望するのか、心配で心配で、飲んだ人の表情をじっと（盗み）見ているのです。その人が顔をあげて目が合ったりすると、あわてて目をそらします。一秒だけ目を合わせたままのこともあります。こんな時に糸が張られるのかもしれません。

その糸は緩んだり張られたりしながらいつまでも続きます。会話はいりません。会話はいりませんがそこに居なければそうはならない。一度そうなれば居なくてもそれは続きます。

カウンターの一番端、入口に近い場所に女性が座りました。大きなサングラスをした人です。二度目かなあ。目も眉もすっぽり隠れるサングラスをしている。何も言わない。

「三番※」――背すじを伸ばして座ったきりじっと動かない。まっすぐな髪が背中まである。絶世の美人だ。コーヒーを飲むとすぐ帰る。帰りぎわに一度だけこちらを向く。その時私は目礼するのだが、ありがとうと言う間もなく背を向けてドアに消える。カッコいい。一度見れば忘れられない位カッコいい。顔を隠しているようだから声をかけてはいけない。一年又は半年位、忘れそうなころにまた現れる。

「三番」

あとは無言。背すじを伸ばし動かない。すぐ帰る。帰る時一回こちらを向く。ドアに消える。それでも糸は張られたのだ。こちらを向いた時大きなサングラスと対峙するわけだが、かすかに口元に表情が浮かぶようになってくる。おそらくごちそうさまと口の中で言っているだけなのだろう。

そして何年かがたったころ、どういうわけかその日はカウンターが混んでいたのだろう。私のすぐ目の前に座っていた。ずっと下を向いてコーヒーを作っていた目をふとあげると知らない人の顔に合った。それはサングラスをはずしたその人だった。笑っている。じっと笑っている。

「ローマの休日」という映画がある。アン王女のローマ訪問記。宮殿を抜け出して一晩、めずらしい経験をして……帰国する時の記者会見。一緒に一晩過ごした記者がその席にいるわけだが、目と目が合う。どちらの町が気にいられましたかという質問に、側近が耳打ちした模範解答の通りに言いかけて、アン王女は「いえ、ローマ」と言う。「ローマです」と言う。

※大坊珈琲店のブレンドは濃さによって番号が付けられていた。3番は標準の濃さ。

私はこの有名なシーンがたまらなく好きなのだが、どういうわけか、その時そのシーンを思い出してしまって、そのシーンそのもののような気になってしまって言葉も出ない。
一言も口をきいたことはなくてももう親友だ、ということを書こうとしたが、ちょっとカッコつけた話をしてしまいました。

大坊勝次……二〇一七年十月

こんなことがありました。
石津謙介さんがお亡くなりになった日のことです。誰かニュースを見た人が教えてくれたのです。本棚に石津さんの著書が並んでいましたので、一冊取り出して窓際の机に置きました。「悠貧ダンディズム」。そして一杯、コーヒーを献じました。その日一日を、そのように過ごそうと考えたのでした。

その時店に居合わせたお客様が帰られた後で、花が届けられました。白いバラだったと思います。薄い花びらが重なっている、ふっくらしたバラだったと思います。お帰りになったお客様から届けてくれたのです。その方は、聖林公司のゲン垂水さんだったのです。おかげで、一日、著書とコーヒーと花とで、石津さんとお別れすることができました。
そのことがあって垂水さんとわかったのですが、垂水さんは速いのです。ドアを入ってくると、指を二本立てられます。コーヒー二杯、という意味です。この方は一番のコーヒーを飲まれる方だということは知っていました。一番を二杯です。すぐ作ります。作っているうちにもう一人、若い人が入ってきます。若い人は二人分の会計を済ましてから、垂水さんの隣りに座ります。コーヒーができます。お出しします。するとすぐにパッと飲んでしまいます。そしてすぐに立たれます。お出ししても一分もかからない。思わずカップをのぞきますと空になっています。もういいんですかと聞きます。これでいいんですと目で答えてくれます。そのまま帰られます。垂水さんは速いのです。(中略)
これでいいんじゃないだろうか。多分、その一瞬の時間の中に抒情も哀愁も詰まっている。

長沼慎吾……二〇二二年四月

ここ二年ほどは、私にとって空白のような時間が流れております。自分のやってきたことを見返す時間でもあったのかもしれません。
人嫌いで、コミュニケーションが苦手と言ってはきましたが、結局は自分

のやってきた珈琲も、企画展も、直接人にお越しいただいてはじめて成り立つものでした。（中略）

ねじまき雲は、昨年通算十五周年を迎えました。私は特別に周年記念というものはしてきませんでした。日々一滝一滝全身全霊ですから、お客様にこれ以上お返し出来るお礼も、日常の中でめでたいと祝うほどの活躍もございませんでしたから。

大坊勝次……二〇二二年五月

十五周年おめでとうございます。

十五年、ですか。十五年続いたということは、続けることを嫌に思わない限り、もうずっと潰れずに続けられる、と思える時期ですよね。

（中略）そういう時期にコロナに襲われたわけですね。（中略）

それでも私は自宅にじっとしていられませんでした。コーヒーを飲みに出掛けました。マティーニを飲みに出掛けました。毎日のように。高齢者は家の中にと連呼されました。珈琲店でもバーでも、家から出ないほうがいいんじゃないですかと言われてるような気も致しました。激励に来ているつもりなのに。（中略）

今、変えなければならない、変わらなければならないという風が吹き荒れています。いきおい新しいやりかたを見つけることが大切でみつけた人はよいという風潮です。でもこれは一人一人が決めることです。一人一人が時代の風潮に流されずに、自分にとって最もよいことはどういうことなのかを考える時です。（中略）

一生懸命仕事をしている時こそ、本当に楽しい時間に違いないと思います。全てを〝遊び〟とか楽しいことにしてしまうつもりはありませんが、時間がたったとき、「よくやったなあー」と感慨が深まるとき、やっぱり治まるところはありますね。（中略）

私にとってはということになるかもしれませんが、珈琲店やバーの存在がいかに大切なものであったかが、切実に身に沁みてくるのです。（中略）

ずいぶん前に長沼さんに言われました。「閉店することにわたしは反対です……」。改めて思い出しております。ありがとう。

川口さん、テンポロジーの時はお世話になりました。あの時も思い出と人の心のよりどころのような話になりました。こういう話は何度も何度も話したいことですね。一杯のコーヒーに宿る楽しさは人生の楽しさの象徴です。

2011 喫茶店の記録

coffee shop chronicle

琥珀色のしずく77滴

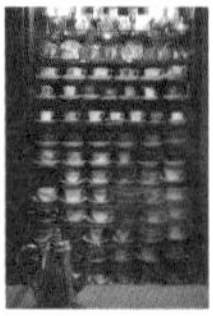

 『東京の喫茶店 琥珀色のしずく 77 滴』（2011 年刊）より

川口葉子　かわぐちようこ

20年以上日本のコーヒーシーンを取材し、その魅力を発信し続けているライター・喫茶写真家。コーヒー中毒者。2011年刊の『東京の喫茶店 琥珀色のしずく77滴』（小社）は、15年に文庫化もされ、増刷を重ねて多くの喫茶店好きに愛されている。他著書に『東京カフェ散歩　観光と日常』（祥伝社）、『金沢古民家カフェ日和』（世界文化社）、『京都・大阪・神戸の喫茶店　珈琲三都物語』『喫茶人かく語りき　言葉で旅する喫茶店』（小社）など多数。

カバーイラスト　阿部伸二
ブックデザイン　藤崎良嗣　五十嵐久美恵　pond inc.
本文DTP　加藤一来
編集　白戸翔（ニューコンテクスト）

新《しん》・東京《とうきょう》の喫茶店《きっさてん》　琥珀色《こはくいろ》の日々《ひび》、それから

2024年7月2日　初版第1刷発行
2024年9月20日　初版第2刷発行

著　者　　川口葉子
発行者　　岩野裕一

発行所　　株式会社実業之日本社
〒107-0062　東京都港区南青山6-6-22　emergence 2
電話（編集）03-6809-0473（販売）03-6809-0495
https://www.j-n.co.jp/
印刷・製本　三松堂株式会社

ISBN 978-4-408-65086-9（第二書籍）